Die schönsten Alleen in Deutschland

Olaf Schulz

Die schönsten Alleen in Deutschland

Eine Bildreise von der Ostsee bis zum Alpenvorland

blv

Habt Ehrfurcht vor dem Baum.
Er ist ein einziges großes Wunder,
und euren Vorfahren war er heilig.
Die Feindschaft gegen den Baum ist
ein Zeichen der Minderwertigkeit eines Volkes
und von niederer Gesinnung des einzelnen.

Alexander Freiherr von Humboldt (1769–1859)

Diesen Bildband widme ich meiner Familie
sowie allen Alleenfreunden und Alleenschützern.

Inhalt

Zu diesem Bildband

Alleen sind aus unserem Landschaftsbild nicht mehr wegzudenken. Sie verschönern und schmücken die Landschaft, sie verbinden oder trennen Naturräume, sie bilden einen lebendigen, grünen »Reißverschluss«, der sich kreuz und quer durch die inzwischen viel zu oft von Monokulturen geprägten »Agrarwüsten« unseres Landes zieht. Die verschiedensten Tiere und Pflanzen haben sich die grünen Tunnel zum Lebensraum erkoren. Ja, die Baumreihen sind regelrechte spezielle Ökosysteme, in denen Vögel, Säuger, Weichtiere, Insekten und Spinnen sozusagen Wand an Wand mit Moosen, Flechten, Gräsern, Blumen und Pilzen harmonisch miteinander leben. Umgeben von einem Kleinklima, das an der Alleen-Außenseite ein ganz anderes ist.

Doch nicht nur die Natur profitiert von den Alleen. Auch wir Menschen. Denn sie filtern die Luft von den immer »dicker« werdenden Abgas- und Staubwolken der immer länger werdenden Autoschlangen. Und das lange bevor man Katalysatoren oder Rußpartikelfilter erfand. Sie sind willkommener Schattenspender in hochsommerlichem Klima und treue, stille Reisebegleiter auf langen Autotouren. Wie kaum ein anderes Element unserer modernen Kulturlandschaft bilden Alleen eine vollendete Einheit aus Natur und Kunst, Nutzen und Funktion, Artenfülle und Formenvielfalt, Schönheit und Ästhetik. Kurz: Alleen sind etwas Wunderbares.

Ich bin sehr glücklich, dass ich seit meiner Geburt in Brandenburg, dem alleenreichsten aller Bundesländer leben darf. Und so ist es wohl eine glückliche Fügung, dass ich meine im Frühjahr 2004 geborene Idee von einem Alleen-Bildband nur ein Jahr später zusammen mit dem BLV Verlag verwirklichen konnte. Doch selbstverständlich erscheinen hier nicht nur die schönsten Alleen meiner Heimat. Ansinnen dieses Bild-Text-Bandes ist vielmehr, eine Auswahl der herausragendsten, bedeutendsten, ältesten und schönsten Alleen in der gesamtdeutschen Region zu porträtieren – also von Rügen bis zum bayerischen Allgäu. Dabei standen nicht die Alleen der deutschen Alleenstraße oder der Bundes- und Landesstraßen im Vordergrund, sondern die faszinierenden Baumreihen, die fernab der asphaltierten Straßen zu finden sind, die einsam in der Feldflur stehen, die verträumt entlang matschiger Wege durch einen alten Park führen oder wie eine grüne Armee, Kopf an Kopf, in Reih' und Glied, an einem Flussdeich entlang »marschieren«. Gerade letztgenannte aber werden immer rarer. Denn es gibt tatsächlich »Fachleute«, die allen Ernstes behaupten, Bäume würden bei Hochwasser zu einer Gefahr für den Deich, da sie durch ihr Eigengewicht den Deich instabil machten. Diese absurde und völlig falsche Behauptung sorgte schon in meiner heimatlichen Region, dem Elbe-Elster-Kreis, vor einigen Jahren zu skandalösen, von höchstamtlicher Seite abgesegneten Fällungen. Erfahrene Experten sagen aber: Das genaue Gegenteil ist der Fall! Erst das weitverzweigte Wurzelwerk bietet dem ansonsten instabilen Sandwall den richtigen Halt und bietet den Wassermassen erfolgreich die Stirn. Das Jahrhunderthochwasser der Elbe im August 2002 hat dies mehrfach unter Beweis gestellt.

Bei meiner über 16 000 km langen Alleen-Fotoreise, die mich kreuz und quer durch Deutschland führte, habe ich auch viel Schlimmes und Ernüchterndes gesehen. Oder eben auch nicht gesehen, weil die gesuchte Allee gar nicht mehr da war, worauf ich bei einzelnen Porträts noch eingehen werde. Es ist ja eine altbekannte Tatsache, dass entlang der Straßen in den alten Bundesländern jahrzehntelang die Baumsäge gewütet hat, sodass man heute Hunderte von Kilometern fahren kann, ohne eine einzige Allee zu passieren. So war es dann immer ein ganz besonderes Glücksgefühl, dann und wann eine zu entdecken, die zu meiner großen Freude und Überraschung vielleicht sogar sehr alt und knorrig war, mit zum Teil schon verarzteten Baumveteranen im »Stützkorsett«. Zu sehen beispielsweise bei den Eichenalleen zwischen Gut Delling und Seefeld (Bayern) oder am Gut Holzenhausen (Hessen) mit gigantischen Exemplaren von 5–6 m Stammumfang und geschätzten 350–400 Jahren. Außergewöhnlich schön sind auch die berühmte Kurfürstenallee in Marktoberdorf (Bayern) und die faszinierende »Baumallee« bei Bassenheim (Rheinland-Pfalz). Im Großen und Ganzen hat sich jedoch das bestätigt, was ich vor meiner Fotoreise für diesen Bildband bereits befürchtet hatte: Im Westen Deutschlands ist nur noch ein kümmerlicher Rest von Alleen vorzufinden. Umso schwieriger war es, von den wenigen Verbliebenen, noch die Besten auszuwählen. Dieses Problem hatte ich im Osten Deutschlands nicht. Das Problem bestand hier vielmehr darin, unter der Fülle an Alleen die herausragendsten auszuwählen. Besonders in Brandenburg und Mecklenburg, den beiden gesamtdeutschen »Spitzenreitern«, war das nicht einfach. Doch die große Anzahl an Alleen darf in diesen beiden, sowie allen anderen »Neuen« Bundesländern nicht darüber hinweg täuschen, dass sich inzwischen auch hier eine alarmierende Tendenz abzuzeichnen beginnt: das große Alleensterben. Im Kapitel »Alleen gestern und heute« werde ich ausführlicher darauf eingehen.

Interessanterweise entpuppte sich das Zusammentragen von Informationen zu den Alleen zum Teil als echte Herausforderung. Märsche von Amt zu Amt, von Pontius zu

Pilatus, waren teilweise angesagt. Sehr ernüchternd war übrigens auch die Suche nach historischen Fotodokumenten, die ich sehr gerne mit eingefügt hätte. Aber Fehlanzeige! Kopfschüttelnd musste ich täglich aufs Neue zur Kenntnis nehmen, dass die Alleen zur Zeit der Pflanzung und in den Jahren danach offensichtlich zu normal und bedeutungslos waren, um im Bild festgehalten zu werden.

Ähnlich schwierig gestaltete sich die Recherche zum Pflanzer der jeweiligen Allee bzw. dem Auftraggeber. Bei vielen historischen Alleen, die zu Guts- oder Adelshäusern gehör(t)en, war es noch möglich bei Park-, Feld- und Straßenalleen, trotz intensiver Nachfrage, jedoch so gut wie gar nicht mehr. Die Zeit heilt zwar alle Wunden, wie der Volksmund sagt, aber sie löscht auch aus, sofern nicht Orts-Chronisten, oder Forst- und Straßenbauämter dies verhindert haben, was leider nur selten der Fall war.

Noch eine Anmerkung: Bei den Stammumfängen gilt stets der forstlich korrekte, in 1,3 m Höhe gemessene Wert. Und bei der Angabe der Lindenarten in den Porträts muss ich mich auf den Gattungsnamen *Tilia* beschränken, da es nicht möglich war, jeden einzelnen von mitunter hunderten Lindenbäumen auf die genaue Art zu untersuchen!

Zum Schluss doch noch etwas Trauriges und Nachdenkliches. Einige der Alleen in diesem Buch gibt es schon jetzt nicht mehr in der abgebildeten Form, weil der Straßenausbau-Wahn mächtiger war als die Achtung vor dem Leben der Bäume und dem immensen Naturgenuss und Nutzen einer Allee. Mitten in der Arbeit zu diesem Buch musste ich im Herbst 2005 voller Entsetzen zur Kenntnis nehmen, dass in einigen hier porträtierten (Ost)-Alleen, die Kettensäge gewütet und eine kahlgeschlagene, entseelte Straßenlandschaft hinterlassen hat. Umso glücklicher bin ich, dass ich einigen Alleen hier ein kleines Denkmal setzen konnte.

Nun wünsche ich auch Ihnen viel Freude bei der optischen Reise durch die hier vorliegende Auswahl an Alleen quer durch unser Land, die Sie in dieser Form in einigen Jahren oder Jahrzehnten mit Sicherheit nicht mehr sehen und erleben werden.

Eine Allee aus Hybrid-Pappeln, westlich von Sonnewalde, Brandenburg. Die Aufnahme entstand bei -15 °C. Und das, man mag es kaum glauben, am 13. März 2006!

Alleen gestern und heute

Der Ursprung der Alleen reicht bis ins 2. vorchristliche Jahrtausend zurück. Ägypten ist das Land, in dem nach heutigem Wissensstand die weltweit ersten Alleen angelegt wurden. Dies geschah zur Zeit des Neuen Reiches (1551–1080 v. Chr.). Eines der wichtigsten historischen Zeugnisse von Alleenpflanzungen ist auf einer bildlichen Darstellung der Gartenanlage und Villa des ägyptischen Heerführers Amenophis III. (1402–1364 v. Chr.) zu sehen. Man erkannte also schon früh, dass sich Alleen sehr gut zum Aufteilen und Abgrenzen von Gärten eignen. Die verwendeten Baumarten waren vornehmlich Palmen und Fruchtbäume.

Der Siegeszug der Alleen beginnt

Die Verbreitung der Alleen verlief weiter in nördliche Richtung, erreichte aber erst im achten Jahrhundert v. Chr. den Vorderen Orient. Plinius der Ältere (23–79 n. Chr.), der zahlreiche zivile und militärische Ämter bekleidete, beschrieb damals die Alleenpflanzungen im Akademiepark. In Buch 17 seiner 37 Bände umfassenden enzyklopädischen Naturkunde (*»Naturalis Historia«*) berichtet der noch zu Lebzeiten von Jesus Christus geborene Gelehrte u.a. über die damaligen Nutzbäume, die man auch für Alleenpflanzungen verwendete.

Im Hochmittelalter (ca. 1000–1250 n. Chr.) bis zum Beginn des Spätmittelalters (1250–1500 n. Chr.) nahm in Italien der Trend zum Anlegen von Alleen weiter zu. Diese Gartenkunst erlebte aber erst im barocken Frankreich von 1600 bis 1750 ihren Höhepunkt. Aus dieser Zeit stammt auch der heute weltweit gängige Begriff »Allee«, der von dem französischen Wort »aller« für gehen bzw. Gang abgeleitet wurde. Ludwig XIV., der berühmte Sonnenkönig, führte die Alleenkunst als wichtiges Gestaltungselement der pompösen Schlossgärten zur Blüte.

Deutschland erwacht zum Alleenland

An Deutschland ging diese Entwicklung nicht spurlos vorüber. Erstaunlicherweise stammen einige der ältesten heute noch existenten Alleen wie z.B. die Eichen-Allee im mecklenburgischen Schildfeld aus der Zeit vor 1600. Experten schätzen das Alter dieser hünenhaften Eichenveteranen auf sagenhafte 400–500 Jahre. Diese uralte Handels- und Heeresstraße konnte sich ihrer »unheiligen Versiegelung« lange entziehen. Doch schließlich wurde auch sie befestigt und asphaltiert. Ab dem 16. Jahrhundert begann man jedenfalls Wegverbindungen zwischen Städten und Dörfern mit Baumreihen zu bepflanzen. Dieser Trend verstärkte sich im Laufe des 18. Jahrhunderts, als der französische Barockstil durch den englischen Landschaftsstil abgelöst wurde. Auch auf den Gutshöfen und Landsitzen des Adels wurden nun verstärkt Alleen angelegt. Eine der herausragendsten Aktionen dieser Art fand 1754 unter Friedrich II. statt, der in der damaligen Kurmark Brandenburg die für heutige Zeiten unvorstellbare Anzahl von 161 000 Alleebäumen pflanzen ließ. Ein Großteil dieser Alleen ist erhalten geblieben.

Die Landesfürsten des frühen 19. Jahrhunderts förderten den Vormarsch der Alleen. 1806 ordnete Friedrich, König von Württemberg, an, alle chaussierten Straßen mit Bäumen, vornehmlich Obstgehölzen, einzufassen. Auch Napoleon Bonaparte (1769–1821) schätzte diese genial-universelle Kombination aus Wegweiser, Schattenspender, Feuerholz- und Obstlieferant und befahl die Bepflanzung der Straßenränder mit Alleebäumen unterschiedlichster Art .

Links: Roteichen-Allee bei Kemmen.
Rechts: Linden-Allee bei Neu Grüssow.

Abschied von den »weichen Wegen«

Die Wege, die jahrhundertelang nur die Last der Kutschen und Gespanne, der Pferde und Menschen tragen mussten, wurden nun Stück für Stück, Meter für Meter befestigt. Im günstigsten Fall mit Pflastersteinen, meist jedoch mit Asphalt. Heute beherrschen tonnenschwere, motorisierte Blechvehikel das Straßenbild und bringen jede Menge Lärm, Abgase, Staub und Rußpartikel mit sich. Da Alleen neben den zahlreichen anderen ökologischen Vorteilen wie natürliche Katalysatoren bzw. Staub- und Lärmfilter wirken, gäbe es genau genommen also keine bessere Alternative, die Umwelt und das Klima im Straßenbereich zu verbessern und im Lot zu halten. Diese Erkenntnis fehlte wohl lange Zeit, sonst hätte man kaum einen derart unbarmherzigen und ungeheuerlichen Vernichtungsfeldzug gegen die Alleen geführt. 50000 km Alleen, so schätzt man, wurden seit 1945 insbesondere auf dem Territorium der heutigen alten Bundesländer gefällt. Das Verheerende an dieser Zahl wird erst recht begreiflich, wenn man sich vergegenwärtigt, dass der Erdumfang dagegen »lediglich« 44 000 km beträgt. In den Nachkriegsjahren wurden 70% aller Landesstraßen und 30% der Bundesstraßen auf eine Fahrbahnbreite von 5,5 m oder mehr verbreitert.

Wesentlich friedfertiger ging es hingegen auf der »Ostseite« unserer Republik zu. Hier mussten die Alleenbäume nur das Tuckern oder Heulen der Motoren und die meist ziemlich dicken, blauen Abgaswolken der Zweitakt-»Limousinen« erdulden. Und die Anzahl der LKWs beschränkte sich auf ein Bruchteil dessen, was im Westen unterwegs war. Für das Fällen der Bäume am Straßenrand bestand also keinerlei Notwendigkeit. Diesem glücklichen Umstand verdanken wir heute den Alleenreichtum der Neuen Länder. Unangefochtene Nummer eins ist und bleibt Brandenburg. Von den bundesweit schätzungsweise 20 000 bis 25 000 Alleenkilometern kommen allein auf Brandenburg etwa 12 000 km. Das ist in etwa die Hälfte des gesamten bundesdeutschen Alleenbestandes! Danach folgt Mecklenburg-Vorpommern mit 4400 km. Bleibt für die restlichen 14 Bundesländer gerade mal ein knappes Drittel. Tatsächlich gibt es in vielen Bundesländern darüber weder Statistiken noch Zahlen. Ein weiteres Zeichen dafür, welch geringer Wert den Alleen bis zum heutigen Tage beigemessen wird. Und dies setzt sich seit mit jährlich steigender Tendenz nunmehr auch im Osten durch.

Viel zu oft muss man beobachten, dass ein alter Baum, von dem lediglich ein paar trockene Äste über die Straße ragen, gleich ganz gefällt wird. Hier wird nicht saniert, sondern zerstört. Nun kann man einem Baum genau ansehen, ob er sich wohlfühlt oder ob er leidet. Letzteres ist bei den Alleebäumen leider zunehmend der Fall. Auch im Osten müssen sie nun tagtäglich, rund um die Uhr, mit immensem Lärm, Abgasen und tausalzvergiftetem Boden leben. Gerade die Alleen an den Bundesstraßen haben in den letzten Jahren alarmierende Schäden durch Tausalze davongetragen. Man sieht dies an deutlichen Blattschäden. Schon im Sommer beginnen sich die tiefgrünen Blätter an den Rändern braun zu verfärben, das deutlichste Zeichen für eine Erkrankung. Viele Bäume leiden auch an Wassermangel, der zu so genannten Blattnekrosen führt. Dazu kommen unqualifizierte Eingriffe zur »Baumpflege«: Es gibt dokumentierte Fälle, dass mit Motorsägen einfach die bei den Linden üblichen Stockausschläge »abrasiert« wurden, anstatt sie sorgfältig abzuschneiden. Dadurch wird die Rinde meist stark verletzt, Baumsäfte treten aus und bilden Angriffsflächen für Pilzansiedlungen. Selbiges passiert, wenn starke Baumschnittmaßnahmen durchgeführt und große, frische Schnittwunden, die zwangsläufig entstehen, nicht umgehend versiegelt werden. Man kann darauf warten, dass sich an diesen Wundstellen Pilze ansiedeln, meist Porlingsarten, die den Baum so stark schädigen, bis er letztlich am Stamm mit Farbspray eine rote Nummer aufgesprüht bekommt und auf die »Todesliste« gesetzt wird.

Die negativen Einflüsse auf die Alleen sind in der Tat gewaltig, bedenkt man, dass zu den bereits erwähnten Stress-Einflüssen des Straßenverkehrs massive Schädigungen durch konventionelle Landwirtschaft mit Gülle-, Pestizid- und Herbizid-»Regen«, Bodenverdichtungen und ackerseitigen (rechtswidrigen) Astbeseitigungen hinzukommen. Ebenso die Tiefbaumaßnahmen innerorts, die zwar eine moderne Infrastruktur für die Menschen schaffen, aber meist Folgeschäden im Wurzelbereich der Alleebäume hervorrufen, und oft wird der Boden danach bis an den Stamm mit Asphalt oder Gehwegplatten versiegelt, was den Baum noch mehr seiner ohnehin knappen Luft- und Wasserzufuhr kostet.

Die Allee – ein museales Relikt

Wir sollten uns beeilen, uns noch an den alten Alleen zu erfreuen, und wo immer möglich, uns bemühen, sie zu erhalten. Schon die nächste Generation wird die Pracht der Alleen, wie wir sie heute kennen, wohl nicht mehr in dieser Form genießen können. Für die meisten der noch existierenden alten Alleen ist nämlich auch die natürliche Altergrenze bald erreicht: In 10, 20 oder 50 Jahren wird kaum noch eine Allee aus alter Zeit unsere Straßenränder zieren. Aber auch kaum eine neue, da der gesetzlichen Verpflichtung zur Nachpflanzung meist nur ungenügend oder gar nicht nachgekommen wird. Allein das Beispiel Brandenburg bestätigt in beängstigender Weise: Waren es im Jahr 2001 noch 3061 Fällungen bei 1745 Nachpflanzungen, standen im Jahr 2004

6629 Fällungen lediglich 3287 Nachpflanzungen gegenüber. Summiert man alle Fällungen und Nachpflanzungen dieser 4 Jahre, so kommt man auf ein Defizit von 5712 Bäumen.

Ungebrochener Überlebenswille

Und dennoch! Alleebäume sind wackere Kämpfer, die jahrhundertelang den mannigfaltigsten Widrigkeiten, ja sogar Weltkriegen getrotzt haben. Freilich haben sie den heutigen »Waffen« nichts entgegenzusetzen und fallen, ob nun berechtigter- oder unberechtigterweise, zunehmend den Folgen einer maß- und grenzenlosen Mobilität zum Opfer.

Genießen wir also, was uns noch verblieben ist von den treuen Begleitern der Straßen, Wege und Pfade, und seien auch wir ihnen Begleiter in ihren letzten Jahren oder Jahrzehnten, bereiten sie uns doch so viel Freude, wenn wir uns an ihrer majestätischen Erscheinung erbauen. Schenken wir ihnen die Aufmerksamkeit und Wertschätzung, die ihnen gebührt. Eine Möglichkeit dazu besteht darin, wieder einmal auf Entdeckungsreise in alte Parks gehen, wo es manchmal wahre Kostbarkeiten an Alleen gibt. Oder schlendern wir durch eine alte Allee, die im freien Felde steht, wo die Baumrecken stolz gen Himmel ragen und der Wind mit den Blättern spielt. Wo aus den Baumkronen die Lieder der Vögel erklingen, die man in der Hektik, Schnelllebigkeit und Reizüberflutung der Gegenwart meist schon gar nicht mehr wahrnimmt. In Alleen lernt man die Zeit zu vergessen, kann, fernab von Lärm und Smog, die Stille genießen und die Seele baumeln lassen. Hier lassen sich Energie, Kraft und Freude tanken und tiefe Einblicke in die göttliche Schöpfung gewinnen. Und man beginnt dankbar zu sein für all das, was eine Allee den Menschen Gutes mit auf den Lebensweg geben kann.
Thomas von Aquin (um 1225–1274), der berühmte Philosoph und Naturfreund des Mittelalters, fasst es so zusammen: »Unmöglich kann ein naturhaftes Begehren vergeblich sein.«

Die Marktoberdorfer „Kurfürstenallee" ist eine der bekanntesten Linden-Alleen in Bayern.

Welche Arten von Alleen gibt es?

Eichen-Alleen

Etwa 4000 Jahre nach der letzten Eiszeit (10 000 v. Chr.) begannen sich in den Wäldern Europas Eichen anzusiedeln. Von den beiden weit verbreiteten heimischen Arten Traubeneiche (*Quercus petraea*) und Stieleiche (*Quercus robur*) konnte sich nur letztere für die Verwendung als Alleebaum durchsetzen. Stieleichen-Alleen zählen (neben Linden-Alleen) heute zu den ältesten noch lebenden Alleen in Deutschland. Die Bäume erreichen Höhen von bis zu 27 m und Stammumfänge bis weit über 6 m.

Die beiden deutschlandweit herausragenden Stieleichen-Alleen dürften die in Schildfeld (Mecklenburg-Vorpommern) und am Gut Holzhausen (Hessen) sein. Sie haben es auf für Alleebäume sagenhafte 400–500 Lebensjahre gebracht, was die obere Altersgrenze für Alleen-Eichen darstellt. Denn anders als frei stehende Bäume dieser Art unterliegen auch mächtige Alleen-Eichen den bereits beschriebenen rauen Gesetzen, die entlang der Straße herrschen. Diese Gesetze bzw. Lebensbedingungen sind wie gesagt völlig andere als auf freiem Feld oder gar im Wald. Schon die Tatsache ist höchst erstaunlich, dass frei stehende Stieleichen etwa im 50. Lebensjahr erstmals zu blühen beginnen, während die Artgenossen in den dichten Wäldern dies erst in einem Alter von etwa 80 Jahren tun. Eine frei stehende Stieleiche, wie sie übrigens 1989 der erste »Baum des Jahres« in Deutschland war, kann es locker auf 800–1000 Jahre bringen, in Ausnahmefällen vielleicht sogar auf 1200, wie die berühmte Ivenacker Ringeiche. Alleen-Stieleichen werden nur etwa halb so alt. Die mit beeindruckenden 6,61 m Stammumfang vermutlich stärkste Alleen-Stieleiche Deutschlands vom bereits erwähnten Gut Holzenhausen ist leider 1997 abgestorben. Sie steht nun wie ein Mahnmal inmitten ihrer noch lebenden, aber hochbetagten Kameraden und untermauert anschaulich den Mythos, den die Eiche bereits bei den Römern und Griechen in der Antike genoss: ein heiliger Baum zu sein, mit majestätischer Statur und sehr hartem Holz, ähnlich dem der Rotbuche.

Alte Stieleichen-Alleen sind vom ökologischen Wert her kaum zu übertreffen, besonders dann, wenn sie auch noch an verkehrsarmen, ländlichen Standorten stehen. Die Eicheln sind eine willkommene Delikatesse und unerlässliche Wintermast für viele Wildarten (vor allem Schwarzwild). In ihren baumhöhlenreichen Stämmen und Kronen bieten die knorrigen Eichen einigen Tierarten das ganze Jahr über Wohn-, Brut- und Zufluchtstätte. Eulen, Marder und Waschbären zählen dazu und bis zu 1000 Insektenarten, wie z.B. der geschützte Eichenheldbock, dessen riesige Fraßgänge am Stamm garantiert für staunende Blicke sorgen.

Eine der ältesten Stieleichen-Alleen Deutschlands: Die Schildfelder Allee, Mecklenburg-Vorpommern.

Kaum eine andere Alleenbaumart hat eine so prächtige Herbstfärbung wie die Roteiche.

Eine weitere, bei uns häufig verwendete Vertreterin der Eichengattung ist die Roteiche, korrekt Nordamerikanische Roteiche (*Quercus rubra*). Sie ist keine heimische Baumart, sondern ein klassischer Neophyt, also ein »Neubürger« unserer heimatlichen Fluren. Die ältesten Roteichen-Alleen dürften etwa 250–300 Jahre alt sein, wurden also vermutlich zu Beginn des 18. Jahrhunderts in Deutschland gepflanzt. Sie bringen es bislang nur auf gut 3 m Stammumfang und etwa 22 m Höhe, da sie ja nur etwa halb so alt sind wie die heimischen Stieleichen. In ihrer Heimat, dem östlichen Nordamerika, werden sie bis 35 m hoch.

Inzwischen hat sich die Roteiche bei uns als eine der besten und beliebtesten Alleebaumarten etabliert – nicht zuletzt wohl deswegen, weil sie äußerst resistent gegen das aggressive Streusalz ist und auch das Großstadtklima gut verkraftet. Ganz ohne Frage fühlen jedoch auch diese Bäume sich im ländlichen Raum ohne Smog, Streusalz und versiegelte Wege oder Straßen ungleich wohler, wie die Roteichen-Allee bei Kemmen (Brandenburg) eindrucksvoll beweist.

Bei der Roteiche kann man mehrere sonderbare Eigenarten beobachten. Ihre Blattgröße übertrifft die der beiden heimischen Vettern ganz erheblich (bis 25 cm Länge), ebenso auch die Farbvariabilität und -intensität. Herbstliche Roteichen-Alleen sind eine unvergleichliche Augenweide. Die eindrucksvollste Verfärbungsphase erreicht sie alljährlich Ende Oktober. Dann ist »Indian Summer« angesagt. Interessanterweise bleiben die Blätter, im Gegensatz zu anderen Laubbäumen, meist den ganzen Winter hindurch an den Zweigen und fallen erst ab, wenn die neue Knospe austreibt.

Die Roteiche hat sich also in ihrer neuen Heimat als Forst-, Park- und Alleebaum vortrefflich bewährt. Und das nicht nur wegen ihrer Widerstandskraft und der überragenden Schönheit des Blattwerkes, sondern auch wegen des hohen Nutzwertes ihrer Früchte. Noch zu Beginn des 20. Jahrhunderts bildete der Ertrag an Eichel-Früchten einen maßgeblichen Anteil des Futters für die Hausschweinemast, und dementsprechend hoch war der ökologische Wert. Für Eichelhäher, Eichhörnchen, Wildschweine und zahlreiche Nager-Arten sind die Eicheln ein überlebenswichtiges Winterfutter.

Linden-Alleen

Beim Setzen junger Linden-Alleen wurden sehr oft Heister beider Arten (Winter- und Sommerlinde) verwendet, manchmal sogar die (schwer von den Eltern zu unterscheidende) Hybride aus den beiden vorgenannten Arten, die Holländische Linde (*Tilia europaea*). Im Rahmen dieses Buches war es nicht möglich, jede Linden-Allee dahingehend zu untersuchen, welche der 3 Arten es nun ist, oder wie viele von jeder Art in einer Allee anzutreffen sind. Daher erschien es die beste Lösung, hier die Arten nicht zu trennen, sondern zusammenfassend als »Linden-Allee« zu bezeichnen.

Unter allen Alleebaumarten nimmt die Linde eine Sonderstellung ein: Sie ist nicht nur die mit Abstand beliebteste und am meisten verwendete Alleenbaumart, sondern birgt auch heute noch Geheimnisse, die selbst die moderne Wissenschaft nicht zu enträtseln vermag. So ist es bis heute nicht geklärt, warum die Linde imstande ist, sich ständig von innen heraus durch neue Innenwurzeln und Sekundärstämme aus dem vermodernden oder hohlen Stamm zu verjüngen und mit vorhandenem Holz zu »verschmelzen«.

Schon die Anzahl von weltweit 50 Arten lässt erahnen, welch überaus interessante Baumart die Linde ist. Wie erwähnt kamen in Deutschland aber nur die Winterlinde (*Tilia cordata*) und Sommerlinde (*Tilia platyphyllos*) bei Alleenpflanzungen zum Einsatz. Vermutlich mit leichten Vorteilen für die Winterlinde, die sich am eindeutigsten durch die braunen »Haarbüschel« an den Blattnerven der Blattunterseite von ihrer Schwester unterscheiden lässt.

Bereits vor 6000 Jahren, gegen Ende des Mesolithikums, traten die Linden in den nacheiszeitlichen Urwäldern Europas ihren Siegeszug an. Die Bedeutung der Linde für den Menschen geht bis in das 8. vorchristliche Jahrhundert zurück. Die Bibel liefert im Buch des Propheten Jesaja (740–701 v. Chr.) einen interessanten Hinweis und den wichtigen Beweis, dass diese Baumart schon zu »Voralleenzeiten« in der menschlichen Kultur eine bemerkenswerte Rolle spielte. Bis sich die Linde dann schließlich als Alleebaum in Deutschland etablierte, sollten aber nochmals fast 2000 Jahre vergehen.

Es gibt historische Belege, wonach im süddeutschen Raum zu Beginn des 12. Jahrhunderts Mönche die ersten Linden-Alleen pflanzten. Besonders fasziniert die Tatsache, dass solche Alleen noch heute existieren und sich bester Gesundheit erfreuen. Im Ostallgäu steht eine solche »Methusalem-Allee«. Sie kann den Superlativ für sich in Anspruch nehmen, die mit unfassbaren 870 Jahren vermutlich älteste noch existente Allee Deutschlands zu sein, dicht gefolgt von der leider inzwischen zivilisationsgeschädigten Linden-Allee im thüringischen Hütscheroda, die es auf geschätzte, aber fast ebenso sagenhafte 600 bis 700 Lebensjahre bringt.

Wie wir sehen, hat die Linde ihrem einzigen ebenbürtigen »Rivalen«, der Eiche, hier in punkto Alter und Bedeutung mit einigem Abstand den Rang abgelaufen. Übrigens auch, was die Beliebtheit betrifft, denn es gibt weitaus mehr Linden- als Eichen-Alleen. Aus ökologischer Sicht sind beide indes von vergleichbar hohem Wert.

Auffällig ist, dass besonders zwischen dem ausgehenden 17. Jahrhundert und Mitte des 19. Jahrhunderts an den Wegen der Adels-,

Linden-Alleen säumen manchmal auch den Weg zu einem Friedhof, wie hier bei Hülseburg, Kreis Ludwigslust.

Eine der schönsten Alleen der Müritz-Region ist die Linden-Allee bei Neu Grüssow. Sie steht östlich des Ortes völlig frei im Feld. Ihre Natürlichkeit vermag die Besucher zu allen Jahreszeiten zu verzaubern, besonders natürlich im Herbst.

Fürsten- und Gotteshäuser Linden für Alleenpflanzungen verwendet wurden. Der Glaube an die von den Bäumen ausgehende Kraft der Heilung (oder »Linderung«), Weissagung und des Schutzes liegt in ihnen begründet und buchstäblich verwurzelt. Auch an vielen Kreuzwegen, die den Leidensweg Christi in Bildern oder Skulpturen darstellen, sind heute ebenfalls vornehmlich Linden zu finden. Denn seit keltischen und germanischen Zeiten gilt die Linde als heilig, als »Baum der Liebe«, als eine »geistige Symbiose«, die zwischen ihr und der Religion, der Mythologie und dem Volksglauben der Menschen besteht. Selbst Martin Luther schwärmte von der Linde als »Friede- und Freudebaum«. Das dürften verurteilte Missetäter, die im Mittelalter an dem Baum aufgehangen wurden und die Linde als Gerichtsbaum »kennen lernen« mussten, freilich ganz anders empfunden haben.

Die meisten Linden-Alleen sind heute zwischen 100 und 300 Jahre alt, bis zu 27 m hoch und mit bis zu 4 m Stammumfang. Eine ausgewachsene Linde bringt bis zu 60 000 Blüten hervor – ein Königreich für Bienenvölker! Die in des Wortes wahrster Bedeutung »lindernde« Wirkung der Lindenblüten ist ebenfalls seit Jahrhunderten bekannt, wenngleich es sicher nicht empfehlenswert ist, Lindenblüten von Alleebäumen zu sammeln. Denn gerade Straßen-Linden leiden heute äußerst stark unter den Abgasen und Tausalzen, was schon der Laie im Sommer an der kranken, spärlich belaubten Krone und den geschädigten Blättern (grünes Blatt mit braunem Rand) mühelos erkennen kann.

Ahorn-Alleen

Weltweit sind heute etwa 150 Ahornarten bekannt, von denen in Europa 5 Arten in Alleen zu finden sind. Aber nur 3 davon sind einheimisch: Spitzahorn (*Acer platanoides*), Bergahorn (*Acer pseudoplatanus*) und Feldahorn (*Acer campestre*). Eschenahorn (*Acer negundo*) und Silberahorn (*Acer saccharinum*) stammen ursprünglich aus dem Osten Nordamerikas. Sie sind, ähnlich wie die Roteiche, »Immigranten«, haben sich inzwischen bei uns aber bestens eingelebt.

Von Bedeutung für unsere Alleen sind vor allem Spitz-, Berg- und Feldahorn. Daneben gilt der Eschenahorn, der nur äußerst selten gesetzt wurde, als besondere Alleen-Rarität, die es besonders zu würdigen gilt, da man ihre Vertreter in Deutschland wohl an einer Hand abzählen kann. Eine nahezu reine Eschenahorn-Allee befindet sich am Rande des idyllischen Elbe-Städtchens Mühlberg, im Süden Brandenburgs. Es sind nur 27 Bäume, kaum 12 m hoch (Stammumfang 2–3 m), aber einer schöner und knorriger als der andere.

Der Silberahorn ist sogar noch seltener in Alleen zu finden. Er müsste eigentlich auf die »Rote Liste« der Alleebäume. Für Alleen- und Baumfreunde ist seine Entdeckung immer ein echter Glücksfall. Einige wenige Exemplare dieser Art stehen noch inmitten einer »Misch-Allee« an der B 101 nördlich von Herzberg/Elster (Brandenburg).

Ahorne stellen neben Linden und Eichen die wichtigsten Alleenbaumarten dar. Meist kamen zu etwa gleichen Teilen Spitz- und Bergahorn zum Einsatz. Warum der Feldahorn weit abgeschlagen auf Platz drei landete und, wie der Silberahorn, bestenfalls mal in eine Allee »eingestreut« wurde, darüber lässt sich nur spekulieren. Der Rand einer Straße war für ihn wohl ohnehin der verkehrte Standort, da man ihm früher sogar den Wert eines Speisebaums beimaß. Noch im 16. Jahrhundert bereitete man in Hungerszeiten aus seinen Blättern einen musartigen Brei und gewann aus dem Saft einen süßlichen Sirup. Nicht zu verwechseln allerdings mit dem aus dem angebohrten Stamm des Zuckerahorn (*Acer saccharum*) gewonnenen Ahornsirup, der bis heute in Kanada von wirtschaftlicher Bedeutung ist.

Auch der Bergahorn liefert einen süßlichen Saft, aus dem man sogar Zucker gewinnen kann, doch seine Bedeutung als Alleebaum ist eine wesentlich größere. Der Bergahorn erreicht mehr als das Dreifache an Lebensjahren seiner hier erwähnten 3 Brüder. Zwar wird er in einer Allee vermutlich nie das stolze Alter von 500 Jahren und eine Höhe von 40 m erlangen, aber schon die etwa halb so alten Exemplare wirken überaus stattlich. Reine Bergahorn-Alleen sind freilich sehr selten, meist hat man sogar – bis auf den »Eschenblättrigen« – alle 3 Arten bunt gemischt – eindrucksvoll zu sehen an vielen Bundesstraßen im Osten Deutschlands. Alleen, die nur aus Spitzahornbäumen bestehen, gibt es hingegen einige. Besonders im zeitigen Frühjahr ist ihr Anblick eine Augenweide, da diese Art ihre Blüten vor dem Blattaustrieb ausbildet. Ein beeindruckendes Beispiel liefert die etwa 100-jährige Spitzahorn-Allee entlang der B 107 südlich von Gräfenhainichen (Sachsen-Anhalt), mit Hunderten gesunden, 12 m hohen Recken mit über 2 m Brustumfang, die täglich dem Autofahrer ihren Gruß erweisen.

Ahorn-Alleen sind im zeitigen Frühjahr von ganz besonderem Reiz, da sie noch vor dem Blattaustrieb blühen. Unser Bild zeigt die Spitzahorn-Allee westlich von Zobersdorf, Elbe-Elster-Kreis.

Kastanien-Alleen

Die Gewöhnliche Rosskastanie (*Aesculus hippocastanum*) zählt seit Jahrhunderten deutschland- und europaweit zu den bedeutendsten und attraktivsten Alleebäumen. Die Bäume waren derart beliebt, dass viele Königs- Adels- und Gutshäuser im Deutschland des 17. und 18. Jahrhunderts der Rosskastanie sogar den Vorzug vor den »heiligen« Linden und Eichen gaben. Dabei war die Rosskastanie noch 200 Jahre zuvor hierzulande völlig unbekannt, da sie ursprünglich nur in Kleinasien und den Bergwäldern des Balkans vorkam. Gegen Ende des 16. Jahrhunderts jedoch pflanzte man Kastanien in Mitteleuropa in Parks und Gärten sowie in »Alleeform« an. Ihre riesigen Blütendolden, die im Frühjahr zu Tausenden die Äste zieren, sind eine unvergleichliche Nahrungsquelle für Nektar sammelnde Insekten – und für uns Menschen ein faszinierender und fesselnder Blickfang, wie ihn kein anderer Baum zu bieten vermag.

Sonderbarerweise sind Edelkastanien-Alleen in Deutschland nicht bekannt. Die Edel- oder Esskastanie (*Castanea sativa*) ist übrigens mit der Rosskastanie weder verwandt noch »verschwägert«. Beide Arten sind evolutionsgenetisch einen völlig anderen Weg gegangen. Lediglich die Ähnlichkeit der Früchte und der Wortstamm ihres deutschen Namens verbindet sie.

Während der Wert einer Edelkastanie sich nahezu ausschließlich auf die im wahrsten Wortsinne heiß begehrten Früchte, die Maronen, beschränkt, hat ihr Namensvetter wesentlich mehr zu bieten. Die bitteren Früchte der Rosskastanie können es vom Geschmack her zwar nicht annähernd mit den leckeren Maronen aufnehmen, doch hat man sie schon 500 v. Chr. in ihren ursprünglichen Herkunftsgebieten im heutigen Griechenland und Bulgarien zum Brauen von Bier und in Notzeiten sogar als Kaffee-Ersatz verwendet. Zur Zeit des Osmanischen Reiches waren die Früchte überlebenswichtiges Futter der Rösser der bis 70 000 Mann starken Armee. Diese Tatsache war nach Meinung vieler Historiker auch ausschlaggebend für die Namensgebung. Bei uns spielt die

Die alte Kastanien-Allee bei Lancken-Granitz ist die wohl schönste Ihrer Art auf Rügen.

Kastanie als Tierfutterquelle, vergleichbar mit der Eichel, bis heute bei Förstern und Jägern eine bedeutende Rolle. Bekannt ist auch die schmerzlindernde Wirkung der Kastanien bei Rheuma- oder Lebererkrankungen.
Beim Anpflanzen der Rosskastanien-Alleen dürfte der Nutzwert der Früchte allerdings nur eine untergeordnete Rolle gespielt haben. Vielmehr übte die majestätische Erscheinung dieses Baumes schon auf »zweibeinige Majestäten« eine unwiderstehliche Anziehungskraft aus. So ist bekannt, dass die Rosskastanie der Lieblingsbaum Ludwigs XIV. (1638–1715) war. Der prunkliebende französische Regent ließ weitläufige Kastanien-Alleen anlegen, die zum Teil bis heute überlebt haben. Ob die Beliebtheit der Kastanie als »Alleebaum Nr. eins« auf den Sonnenkönig zurückzuführen ist, ist nicht bekannt, scheint aber gut möglich, denn in Deutschland begann der Hochadel nur unwesentlich später mit dem Anpflanzen von Kastanien-Alleen; die 1725 in Pillnitz bei Dresden angelegte Allee ist ein Schönes Beispiel.
An der Beliebtheit der Kastanie hat sich bis heute nichts geändert, an den Umwelteinflüssen auf den Baum aber sehr wohl. Und so kommt man an dem leidigen Thema »Miniermotte« nicht vorbei, deren Schadbild – braunes Sommerlaub – inzwischen jeder kennt. In ihrer Heimat Mazedonien tritt die Rosskastanien-Miniermotte (*Cameraria ohridella*) als blattwerkschädigendes Insekt interessanterweise kaum oder gar nicht in Erscheinung. 1992/93 wurde der an sich recht hübsche Falter erstmals in Süddeutschland nachgewiesen. Von dort breitete er sich wie ein Flächenbrand in alle Regionen Deutschlands aus, da er hier (noch) keine natürlichen Feinde hat. Als ich im Juni und Juli 2005 über 6 Wochen auf Foto- und Recherchetour für dieses Buch kreuz und quer durch Deutschland unterwegs war, ist mir keine einzige Kastanien-Allee begegnet, die nicht mehr oder weniger stark befallen war. Dies macht in erschreckender Weise klar, wie ernst die Lage ist. Da schon aus ökologischen Gründen die chemische Keule, die ja ohnehin auf unseren Äckern übermächtig ist, strikt abzulehnen ist, wird man wohl oder übel abwarten müssen, dass sich die Natur von selbst reguliert und heilt. Berechtigte Hoffnung dazu besteht: Wiederholt hat man Kohl- und Blaumeisen beobachtet, die systematisch die Blätter der Rosskastanien nach den gefräßigen Larven (etwa 30 pro Blatt!) absuchten. Die ersten natürlichen Feinde haben sich also inzwischen eingefunden. Das Aufhängen von Meisen- und Fledermauskästen in Alleennähe kann für die Rettung der Bäume durchaus hilfreich sein.

Buchen-Alleen

Vor langer, langer Zeit, lebte auf einer einsamen Insel eine Königin. Sie war von sehr schöner und erhabener Gestalt. Auf ihrem Haupt trug sie einen mächtigen, dichten Haarschopf, und ihren Körper hüllte sie stets in einen langen, glatten und grauen Mantel. Sie war sehr beliebt bei ihrem Volk, denn sie beschützte es gegen die Feinde. Doch eines Tages nahte von Ferne ein feindliches Volk, und die Königin befahl den kräftigsten und besten 100 Recken, in den Kampf zu ziehen. Aber keiner, so ermahnte die Königin ihre Kämpfer, dürfe den Glauben an den Sieg verlieren, sonst werde er in einen Baum verwandelt. In 2 Reihen zogen sie los, Schulter an Schulter. Doch verließ sie im Angesicht der Feinde der Mut, sie zweifelten am Sieg und jeder der Krieger verwandelte sich in einen Baum. Und wenn sie nicht gefällt werden, können sie glücklich leben bis ans Ende ihrer Tage.
Die Königin, die Insel und die 2 Reihen mit den 100 Recken gibt es wirklich: die Mustizer Rotbuchen-Allee auf Rügen! Wer sie im Spätherbst besucht und auf dem holprigen Kopfsteinpflasterweg entlang wandert, kann auf eine märchenhafte Entdeckungsreise gehen. Es lohnt sich, Augen, Herz und Seele zu öffnen und sich die Kraft, die Schönheit und die Anmut der baumgewordenen Kämpfer von bis zu 28 m Höhe und annähernd 5 m »Brustumfang« auf sich wirken zu lassen. Einige der Hünen mussten vor wenigen Jahren übrigens tatsächlich gegen einen übermächtigen Feind kämpfen: die Urgewalt der Natur. An einer Stelle demonstriert ein »Krieger« sehr anschaulich, wie er dem Orkan getrotzt und gar seine eigene Enthauptung überlebt hat. In 3 m Höhe hatte der Wirbelsturm den mächtigen Stamm von 4,9 m Umfang wie ein Streichholz abgeknickt. Doch anstatt abzusterben schlugen viele Triebe der Buche neu aus und bildeten eine inzwischen wieder völlig geschlossene Krone von 7 m Durchmesser!
Seit jeher gilt die Rotbuche (*Fagus sylvatica*) als »Königin des Waldes«, die mit ihrer starken Baumkrone den mütterlichen Schutz symbolisiert. Sie war sogar so kräftig, die mächtige Eiche zu verdrängen. In dem – geologisch gesehen – extrem kurzen Zeitabschnitt von nur etwa 1500 Jahren hat die Buche zwischen 2000 und 500 v. Chr. die einst vorherrschenden Eichen in den Wäldern unserer Breiten verdrängt. Besonders auffällig ist das auf Rügen. Fast die ganze Insel ist mit Rotbuchen überzogen. Und so ist es beinahe logisch, dass es auch Buchen-Alleen auf Rügen gibt – aber es sind Raritäten. Neben der Mustizer Allee stehen Rotbuchen nur noch entlang der B 96 und der L 30. Diese 3 Alleen einige der wenigen artreinen Rotbuchen-Alleen Deutschlands. Völlig unverständlich also, dass 2 dieser Alleen akut von massiven Fällungen bedroht sind; an beiden Straßenalleen sollen Dutzende der alten, seltenen Riesen Straßenbaumaßnahmen geopfert werden. Dabei gehören sie eigentlich alle auf die »Rote Alleen-Liste«. Einige Naturschutzverbände kämpfen dagegen an, ob sie Erfolg haben, wird sich zeigen.
Noch seltener als Rotbuchen, wurden auf Rügen auch Hain- oder Weißbuchen (*Carpi-*

nus betulus) als Alleebaum gesetzt. Die etwa 150-jährige Güstelitzer Hainbuchen-Allee dürfte allerdings das einzige noch lebende Relikt dieser Art auf der Insel sein.

Schwedische Mehlbeer-Alleen

Es gleicht einer Odyssee, sich in Deutschland auf die Suche nach der Schwedischen Mehlbeere (*Sorbus intermedia*) zu machen. Ganz gleich, ob nun in den Literatur- oder Naturlandschaften. Von den Alleenlandschaften ganz zu schweigen.

Wie wir schon von anderen Alleenbaumarten wissen, kommen relativ seltene Gehölze, zu denen die Schwedische Mehlbeere zweifellos zählt, zwar immer wieder mal inmitten artenreicher Alleen vor, in artreiner Form bleibt dies aber die Ausnahme. Meist sind es aber gerade die alten, artreinen Alleen, die uns Menschen seit jeher faszinieren.

Ein beispielloser »Fall« ist die Mehlbeer-Allee bei Kefferhausen (Thüringen). Vor fast hundert Jahren pflanzte sie ein Forstfachmann entlang eines alten Weges und ahnte wohl nicht, was für eine völlig unvergleichliche Alleen-Kostbarkeit er für die Nachwelt geschaffen hat. Denn diese Allee zählt heute zu den seltensten und schönsten Alleen ganz Deutschlands. Vielleicht ist sie auch die »Nr.1«. Das muss jeder Baum- und Alleenfreund für sich selber entscheiden.

Die Schwedische Mehlbeere ist eine der wenigen natürlichen Kreuzungen zwischen zwei Baumarten der gleichen Gattung, nämlich zwischen Vogel- und Mehlbeere. Sonderbarerweise kommen die »Eltern« bei uns seit Jahrtausenden wild vor, ihre »Kinder« aber nur in einigen skandinavischen Ländern,

Die »Mustizer-Allee« auf Rügen ist eine der schönsten Rotbuchen-Alleen deutschlandweit. Durch das geschützte Naturdenkmal führt eine schmale Kopfsteinpflasterstraße.

Estland und Schottland. Wie sind sie wohl dorthin gekommen? Von diesen Ländern wurden sie dann bei uns eingeführt und als Park- und Alleebaum kultiviert. Insgesamt zählt man weltweit 80 bis 100 Arten zur Gattung *Sorbus*. Sie kommen auf der ganzen Nordhalbkugel unseres Planeten vor.

Die Mehlbeer-Allee bei Kefferhausen zeigt eindrucksvoll, was eine solche Allee so faszinierend macht: Die Stämme sind relativ kurz, meist nur 3–5 m, und bilden sofort eine vielarmige, 10–12 m hohe und breite Krone, die sich wie eine gotische Kathedrale über

Eine der seltensten Alleen-Baumarten ist die Schwedische Mehlbeere. Etwa Mitte bis Ende Mai entfaltet diese edle Baumart ihre Blütenpracht, die jedoch nur wenige Tage bestehen bleibt.

dem Weg formiert und zusammenschließt. In dieser Dichte, Gleichmäßigkeit und Harmonie schafft es kaum eine andere Baumart.
Schon von weitem sind die Bäume im Frühjahr zu entdecken, wenn die weißen Blütenkörbe sich in den prächtigen Kronen entfalten und eine ganze Landschaft in ihrem Bann ziehen. Im Herbst folgt dann ein Feuerwerk an warmen, roten Farben von Früchten und Blättern, gleich einem lebenden Gemälde von Rembrandt. Wen es erst im Winter zu dieser Allee verschlägt, wird ebenfalls nicht enttäuscht werden. Die markanten Baumgestalten zeigen sich dann zwar unbekleidet, aber nicht nackt. Ihre stämmigen Arme, die man dann detailgenau bewundern kann, zeugen von jener Kraft, mit der sie über viele Monate hinweg die Last der Blüten, Früchte und Blätter tragen mussten. Eine solche Allee ist ein Ganzjahreserlebnis der ganz besonderen Art.

Obstbaum-Alleen

Obstbaum-Alleen haben in Deutschland seit jeher eine wichtige Rolle gespielt. Würden wir uns heute mal gedanklich 250 Jahre zurückversetzen, wir hätten wohl alle unsere helle Freude daran. Durch die schmalen Alleen zu wandern, gänzlich ohne Autos, Lärm und Abgase und am Wegesrand immer genügend gesundes Obst, ohne jegliche Pestizide oder Genmanipulationen. Man bräuchte sich nur strecken oder bücken, um seinen Hunger zu stillen. Welch faszinierende Vorstellung!

Im Hunsrück des 18. Jahrhunderts war dies Realität! Obstalleen sprossen wie die berühmten Pilze aus dem Boden der Wege und Straßen. Freilich geschah das nicht ganz ohne Eigennutz. Die Bauern nutzten zwar in erster Linie das Obst ihrer Gärten und Streuobstwiesen, aber auch die Obstalleen trugen einen erheblichen Beitrag zur Obsternte bei. In anderen Regionen folgte man ebenfalls diesem Beispiel nach. Nichts ahnend, dass man sogar den Kriegern Napoleons während der Napoleonischen Kriege (1804–1812) mit dem Obst das Überleben erleichtert hat. Vielleicht war das leckere Obst während des Feldzuges gegen Preußen (1806–1807) gar der einzige Trost, den die Soldaten und Hauptleute noch für ihr Leben empfinden konnten.

Insgesamt kann der kultivierte Obstbau, die Urquelle der Obstbaumalleen, in Europa auf eine 5000-jährige Geschichte zurückblicken. Zu den ältesten Alleebaumarten zählt die Pflaume (*Prunus domestica*) und Vogelkirsche (*Prunus avium*). Die Pflaume, wie wir sie heute kennen, ist vermutlich im alten Orient aus der Kreuzung von Schlehe und Kirschpflaume hervorgegangen. Auch die Vogelkirsche wurde solange eingekreuzt, bis die Früchte groß genug waren. Zwischen 100 und 300 n. Chr. begann man mit dieser mühsamen Arbeit. Zur Anlage von Obstbaumalleen kam es aber erst im 15. Jahrhundert. Dann gesellten sich auch Apfel- und Birnenbäume hinzu. Schon damals wurden bis zu 30 verschiedene domestizierte Obstarten angebaut, mit unterschiedlichen Sorten. Die Heister wählte man aber sorgfältig aus, um möglichst zeitgleich einen hohen Ertrag einzubringen.

Heute finden wir Obstbaumalleen verschiedener Arten unterschiedlichsten Alters besonders in den Neuen Bundesländern. Sie sind von ökologisch größtem Wert! Dominierend sind Apfel- und Pflaumenalleen, gefolgt von Birnen und Kirschen. Immer wieder werden aber heute, sehr zum Leidwesen der Naturschützer, in solchen alten Alleen Obstbäume gefällt, die vermutlich noch viele Jahre an ihrem Standort wacker dem Sturm getrotzt hätten. Die »Verkehrssicherungspflicht« entwickelt sich gegenwärtig zu einem immer bedrohlicher werdenden Damoklesschwert der Behördenwillkür, weil auch zum Teil kerngesunde Bäume völlig sinnlos gefällt werden, was zu Hauf dokumentiert ist. In rücksichtslosester Weise geht man hier nach wie vor mit einem lebens- und liebenswerten Mitgeschöpf um. Das es auch anders geht, bewiesen im September 2002 der damalige Bundesumweltminister Jürgen Trittin, der gemeinsam mit dem Umweltminister von Mecklenburg-Vorpommern, Prof. Dr. Wolfgang Methling, und Ingo Lehmann von der Alleenschutzgemeinschaft e.V. junge Alleebäume bei Schwerin nachpflanzten. Über 30 Kilometer ist diese an der B 104 gelegene Pflaumenallee lang. Immer wieder klafften hier große Lücken. Zwei davon konnten zwischen Lützow und Gadebusch nun geschlossen werden.

Obstbaum-Alleen haben im Frühjahr einen sehr hohen ökologischen Wert für Nektar sammelnde Insekten. Im Bild: Pflaumen-Allee bei Domsdorf.

Rügen und Mecklenburgische Seenplatte

Seite 22/23: *Die atemberaubend schöne Kastanien-Allee in Lancken-Granitz, auf Rügen, ist deutschlandweit völlig ohne Konkurrenz.*

Kastanien säumen den holprigen Weg

Kastanien-Allee in Lancken-Granitz

Kreis Rügen
Art: Gewöhnliche Rosskastanie
(*Aesculus hippocastanum*)
Alter: 170–180 Jahre

1

Rügen – das ist Musik in den Ohren der Natur- und Alleenfreunde unseres Landes. Nirgendwo in Deutschland gibt es eine Region, die sich eine ähnliche Alleendichte bewahrt hat, dass man unweigerlich ins Schwärmen gerät. Deutschlands größte Insel ist reich an uralten, artenreichen und geschichtsträchtigen Alleen, eine schöner als die andere. Die Kastanien-Allee in Lancken-Granitz gehört zu den prachtvollsten.

Die alte Kastanien-Allee, die von Lancken-Granitz zum Jagdschloss führt, hat sich den Charme einer beschaulichen, ländlichen Allee bis heute erhalten. Sie ist – gottlob! – noch nicht dem Asphaltierungswahn zum Opfer gefallen, wie das bei den Artgenossen im Putbuser Park, wenige Kilometer weiter westlich, leider geschehen ist. Die Lancken-Granitzer Allee präsentiert sich bis heute auf über 1 km Länge in zeitlos schönem, handverlegtem Kopfsteinpflaster. 139 prachtvolle alte Kastanien von gut 18 m Höhe und meist über 3 m Stammumfang verschmelzen hier mit der Landschaft in einer nahezu vollendeten Harmonie von Natur und Kultur.
Obschon die Allee für den Verkehr freigegeben ist, stören die wenigen Autos die Idylle kaum. Ganz anders sieht das auf der B 196 aus, die südlich an die Allee angrenzt und den fast 700-jährigen Ort durchzieht. Besonders im Juli, zur Urlaubshochsaison, quälen sich Stoßstange an Stoßstange die »Blechrosse« durch das Inseldorf, das schon seit slawischen Zeiten besteht. Man gedenkt jener seligen Zeit, in der die Rosse auf den Straßen noch aus Fleisch und Blut waren und weder gerußt noch gelärmt haben.

Die Kastanien-Allee dürfte in Zusammenhang mit dem zwischen 1837 und 1851 errichteten Jagdschloss des Fürsten Malte I. von Putbus (1783–1854) entstanden sein, das heute ein Museum beherbergt. Es befindet sich weiter nördlich auf dem 109 m hohen Tempelberg inmitten prächtiger Buchenwälder. Wie oft mag der Fürst hier wohl entlanggeritten oder -gewandert sein, wenn er sich mit seinen Trophäen auf den Weg zum Jagdschloss machte? Wilhelm Malte von Putbus gilt als einer der namhaftesten Vertreter des uralten Fürstengeschlechts derer von Putbus, einer Adelsfamilie, die über Jahrhunderte hinweg in dieser Region der Insel herrschte. Das Gut Granitz befand sich von 1472 bis 1945 im Besitz dieser Familie, die auch die »weiße Stadt« Putbus gründete, den Adelssitz von Wilhelm Malte von Putbus. Er war bekannt für seine große Naturverbundenheit, der wir letztlich einen großen Teil der heute noch erhaltenen Alleen Rügens verdanken können.

Standort:

Nördlich von Lancken-Granitz, Richtung Jagdschloss

Eine Hundertschaft grauer Riesen

Buchen-Allee bei Mustiz

Kreis Rügen
Art: Rotbuche (*Fagus sylvatica*)
Alter: Etwa 185 Jahre

2

Diese Rotbuchen-Allee muss man mit eigenen Augen gesehen haben. Und wer dieses Kleinod in der letzten Oktoberwoche besucht, nimmt ein bleibendes Erlebnis mit nach Hause. Dann nämlich tragen die grauen Riesen ihr schönstes Kleid.

Der Weg, der von Zirkow nördlich zur Allee führt, ist noch mit gut 3 m breitem, altem Kopfsteinpflaster ausgelegt. Keiner würde hier wohl je auf die Idee kommen, mit einer Teerdecke den Weg zu verschandeln, zumal diese alte Straße für den öffentlichen Verkehr gesperrt ist. Beim Durchwandern der Allee ist das Naturerlebnis ohnehin viel intensiver. Und zu erleben gibt es jede Menge. Im südlichen Teil ist die Allee etwas lückig und zum Teil nur einseitig, aber Meter für Meter in Richtung Norden wird deutlich, welch eine Kostbarkeit diese Allee darstellt – zumal Rotbuchen-Alleen deutschlandweit Raritäten sind. Auftraggeber war kein Geringerer als der »Alleenvater« Rügens: Wilhelm Malte zu Putbus. Um 1820 ließ er die Setzlinge in etwa 13 m Abstand ausbringen. Ein historisches Dokument gibt Zeugnis darüber, dass die Allee bereits 15 Jahre später auf einer topografischen Karte der Königlich-Preußischen Landes-Aufnahme erschien.

Seit der Pflanzung der Allee sind gut 185 Jahre vergangen, und die Bäumchen sind zu stattlichen, grauen Riesen von bis zu 28 m Höhe und 18 m Kronendurchmesser herangewachsen. Interessanterweise sind es auf den Baum genau 100 Rotbuchen, mit mächtigen Stammumfängen von durchschnittlich 3–4 m und darüber! Jeder einzelne dieser alten Bäume leistet einen enormen Beitrag zur Luftverbesserung. Schon eine einzige 200-jährige Buche produziert den Sauerstofftagesbedarf für etwa 20 Menschen. Dies macht deutlich, wie wichtig jeder einzelne Baum für uns Menschen ist.

Das sah ein Ehepaar aus Zirkow, dem Ort, der südlich an die Allee angrenzt, leider völlig anders. Wenngleich es sich hier um Kastanien handelt, so ist es doch Baumfrevel, der in diesem Ort vor wenigen Jahren angerichtet wurde. Am 10.12.2003 wurden vor dem Haus zwei uralte Kastanien gefällt. Sie waren Zeitgenossen der Mustizer Rotbuchen und Wegbegleiter Caspar David Friedrichs und Alexander von Humboldts. Die Bewohner des Hauses setzten die grundlose Fällung gerichtlich gegen den letztendlich leider vergeblichen Kampf der Naturschützer durch. Man fragt sich also besorgt, wann auch die erste Mustizer Rotbuche fällt, nur weil es vielleicht Leute gibt, die in ihnen eine potenzielle Gefahr sehen. Der seit 1937 bestehende Schutzstatus scheint für diese Allee längst keine Lebensversicherung mehr, denn »Ausnahmeregelungen« werden inzwischen regelmäßig und fast völlig ohne Probleme erteilt, auch wenn dadurch unersetzliche Naturschätze vernichtet werden.

Standort:

Nördlich von Zirkow bis zur B 196 a

Die Struwwelköpfe vom Rügischen Bodden

Weiden-Allee in Neuendorf

Kreis Rügen
Art: Korbweide (*Salix viminalis*)
Alter: 100–120 Jahre

3

Sie sind lustig anzuschauen und erwecken so manche Kindheitserinnerung zu hellem Leben. Ja, den Struwwelpeter gibt es wirklich. Und hier in Neuendorf auf Rügen sogar eine ganze Armee davon. Wie zum Appell stehen sie in 5 m Abstand Kopf an Kopf und in perfekter Zweierreihe, nur einen Steinwurf von der Küste entfernt. Und das schon seit über 100 Jahren.

Im Gegensatz zur Märchenfigur sind unsere Struwwelköpfe aber völlig reale Gestalten, die inzwischen zu stattlicher Größe herangewachsen sind. Kaum ein anderer Baum unserer Breiten kann diese typische und charakteristische Gestalt aufweisen wie die Korbweide. Sie ist eine der häufigsten der etwa 50 europäischen Weidenarten. Aber erst die Nutzung ihrer Äste und Zweige für das Korbflechthandwerk hat aus der Korbweide die Kopfweide gemacht.

Einen regelrechten Aufschwung erlebte die Korbweidenkultur von Anfang des 17. bis Mitte des 20. Jahrhunderts. Oberfranken galt zu dieser Zeit als Zentrum dieses Handwerks. Allein im Jahr 1875 waren rund 25 000 Arbeiter mit Flechtarbeiten für diverse Korbwaren beschäftigt. Heute spielen die Ruten der Korbweiden als Industrieprodukt (leider) keine Rolle mehr.

Das blieb natürlich nicht ohne Folgen für die Kopfweiden, die des regelmäßigen Scherens bedürfen, sollen sie nicht vorzeitig auseinanderbrechen. Genau das passiert nämlich, wenn man die Köpfe »ungeschoren« lässt: Die Äste werden immer stärker und höher und brechen schließlich unter ihrer eigenen Last mitten entzwei. Daher müssen Kopfweiden etwa alle 1–2 Jahre zurückgeschnitten werden. Auch wenn der ehemalige preußische Minister und Sprachwissenschaftler Wilhelm von Humboldt dies schon damals für »schlimm genug« hielt.

Die Neuendorfer Kopfweiden-Allee wird von Mitarbeitern des Biosphärenreservates gepflegt. Die 85 Alleebäume sind von erstaunlicher Vitalität, kaum eine Lücke ist zu erkennen. Die Stämme sind kurz und kräftig und meist von 2–2,5 m Umfang. Ein Exemplar bringt es sogar auf beachtliche 3,07 m. Die Allee ist 9 m breit und nur etwa 250 m lang, aber jeder Meter lohnt sich. Die beiden Fahrspuren hat man inzwischen mit Betonplatten ausgelegt. Das schmälert zwar den optischen Wert, den ökologischen aber keineswegs, denn die Weiden-Allee steht seit langem als »geschütztes Gehölz« unter Naturschutz. »Früher haben die Fischer vom Dorf sogar ihre Reusen zwischen den Bäumen zum Trocknen aufgehangen«, erzählte mir ein »Ureinwohner« von Neuendorf.

Wer die Kopfweiden-Allee mit Bedacht, Entdeckergeist und offenen Auges und Herzens durchschreitet, wird an zwei Stellen mit einer dendrologischen Kuriosität und Kostbarkeit belohnt, die man vielleicht kein zweites Mal hierzulande zu Gesicht bekommt: In den hohlen Stämmen von 2 Weiden hat sich jeweils eine 15- bzw. 30-jährige Birke ansiedeln können. Beide »Schmarotzer«, besonders der ältere, überragen inzwischen ihren »Wirt« zum Teil um Längen. Ein köstlicher und amüsanter Anblick, der jeden Besucher zum Staunen bringt. Die beiden völlig artfremden Bäume machen uns vor, was vielen Menschen abhanden gekommen ist: trotz unterschiedlicher Art wunderbar friedlich und harmonisch miteinander zu leben und auszukommen.

Standort:

Südwestlich Neuendorf, unmittelbar neben der Küste

»Verkehrte« Zeiten für die alten Insulaner

Eichen-Allee bei Putbus

Kreis Rügen
Art: Stieleiche (*Quercus robur*)
Alter: 280–320 Jahre

Kein Zweifel, die alte, knorrige Eichen-Allee, die fast bis an die Westseite von Putbus heranreicht, zählt – zusammen mit den Kastanien im Putbuser Park – zu den ältesten Alleen Rügens. Die mächtigen Stammumfänge von meist deutlich über 4 m lassen auf ein Alter von mindestens 280–320 Jahren schließen.

Faszinierend die Vorstellung, dass die Eichenhünen möglichersweise die ältesten noch lebenden Bewohner der größten deutschen Insel sind. Mit großer Wahrscheinlichkeit bestand die Allee schon aus recht stattlichen Bäumen, als 1810, vor nunmehr 195 Jahren, Fürst Wilhelm Malte zu Putbus die nach ihm benannte Stadt als jüngste Residenzstadt des Nordens gründete. Sie dürfte sogar noch vor dem Barockgarten (1725) entstanden sein. Einen wichtigen Hinweis darauf liefert die Lage der Allee, die nicht identisch mit dem Hauptweg und jetzigen Hauptstraße, der L 29 ist, die von Westen her in den Ort führt. Die Allee liegt vielmehr direkt daneben und wird daher oft gar nicht als »echte« Allee wahrgenommen. Nur wer genauer hinsieht, oder sie durchwandert, wird sie zwischen dem üppigen Unterwuchs des angrenzenden Waldes entdecken. Vielleicht diente sie als uralter, slawischer Handelsweg, den es schon lange vor der Stadtgründung gab und der mit 8 m Breite für den damaligen »Verkehr« völlig ausreichend war.

Ganze 37 Exemplare von bis zu 26 m Höhe sind bis heute erhalten geblieben. Einige weitere Eichen dieser Alterskategorie sind auch in der »Eichenallee« zu finden, die im rechten Winkel nördlich der westlichen Ortslage stehen. Sie gehören wahrscheinlich alle zu derselben, einst völlig geschlossenen Allee, die inzwischen nur noch als Relikt vorhanden ist, da das Ortsbild sich über die Zeitspanne von fast 300 Jahren enorm gewandelt hat. Doch weitaus mehr noch verändert hat sich das Verkehrsaufkommen. Schon jetzt müssen die altehrwürdigen

Eichenveteranen, insbesondere während der Urlaubszeit, nahezu nonstop die nach Putbus wabernde Blechlawine verkraften. Sollte die neue »2. Rügenanbindung« verwirklicht werden, müssten wohl 210 Alleebäume und viele wertvolle Biotope geopfert, verbaut oder versiegelt werden. Falls nicht doch noch ein Wunder geschieht.

Erste »verkehrssichernde« Maßnahmen hat man angesichts des zu erwartenden Verkehrs schon durchgeführt: Am Ortausgang von Zudar, westlich von Putbus, wurde vor kurzem eine gesunde, über 100 Jahre alte Allee-Eiche gefällt. Noch schlimmer traf es den Ort Sellin, wo im Frühjahr 2003 für die Zufahrt zu einem Parkplatz 10 gesunde 150–200 Jahre alte Eichen geopfert wurden. Düstere Aussichten also für die noch älteren Kameraden in Putbus. Werden sich auch dort bald die Reihen weiter lichten?

Standort:

Parallel zur L 29, westlich von Putbus

Eisenharte »Jungs von der Waterkant«

Buchen-Allee bei Güstelitz

Kreis Rügen
Art: Hain- oder Weißbuche
(*Carpinus betulus*)
Alter: 110–130 Jahre

5

In Güstelitz ist die Alleenwelt noch in Ordnung. Schon von weitem ist das Schmuckstück zu sehen: eine alte, knorrige Hainbuchen-Allee aus dem Ende des 19. Jahrhunderts. Sie zieht sich harmonisch durch die Hügellandschaft westlich des kleinen Inselortes, den die Slawen einst »Gostalici« nannten. Von den Rügischen Alleen dürfte diese Allee die größte Seltenheit darstellen.

Deutschlandweit gibt es heute so gut wie keine Hainbuchen-Alleen mehr. Neben einem weiteren Standort unweit des Zisterzienserklosters Dargun, in der Mecklenburgischen Schweiz, kann unsere Heimat nur noch mit einer alten Hainbuchen-Allee aufwarten. Sie steht in Kransberg im Taunus und gilt gar als »Einmaligkeit im westlichen Deutschland« – das macht deutlich, wie es um diese Alleebaumart bestellt ist.

Schon die alten Kelten sagten den auch als Hagebuchen bekannten Bäumen geheime, ja magische Kräfte nach. Besonders im Hinblick auf die extreme Härte des Holzes kann man das bis heute nachvollziehen. In ganz Europa gibt es kein Gehölz, das es diesbezüglich mit der Hainbuche aufnehmen kann. Hainbuchenholz gilt daher auch als »Eisenholz« und wurde im 16. Jahrhundert in Deutschland sogar für Schrauben und Maschinenteile verwendet.

Die Nutzungsform der Güstelitzer Hainbuchen beschränkt sich glücklicherweise auf ihren dendrologischen und ökologischen Wert. Hainbuchen neigen sehr stark zu Stockausschlägen. Diese Besonderheit machten sich Waldbauern schon früher in der Niederwaldwirtschaft zunutze, indem sie kurz über dem Boden den Stamm absägten, der dann problemlos, meist mehrstämmig wieder ausschlug. Noch heute sind Naturhecken aus Hainbuchen unübertroffen dicht und bieten Wohn- und Schutzraum für Vögel, Kleinsäuger, Reptilien und Insekten. Die Güstelitzer Hainbuchen-Allee gleicht streckenweise einer solchen Hecke, die, zusammen mit Schlehdornbüschen, ein wahres grünes und im Herbst dottergelbes Bollwerk darstellt.

Rügen weist heute einen alten Alleenbestand von 289 km Länge vor. Auf die Güstelitzer Allee, die übrigens im Süden in die Deutsche Alleenstraße mündet, entfällt gerade mal etwas mehr als 1 km. Aber jeder Meter davon ist ein echtes Erlebnis, das man »erlaufen« oder »erfahren« kann. Früher war es ein nur von Pferdefuhrwerken genutzter Landweg, an den weiter nördlich ein uralter ehemaliger Gutshof angrenzt. Der seit 1992 leider befestigte Alleeweg darf zwar heute als Fahrradweg genutzt werden, ist aber für den motorisierten Verkehr gesperrt. »Es hat eine gewisse Zeit gedauert und auch einen gewissen Kampf gekostet, bis die Autofahrer das respektiert haben«, erzählt Dietrich Pankonin. Der 67-jährige Alleenfreund und -schützer wohnt mit seiner Frau in dem hübschen Haus, das ganz allein auf weiter Flur im Süden an die Allee angrenzt. Jedesmal wenn er von der Allee erzählt, leuchten seine Augen. Schließlich lebt der ehemalige Bootsbauer schon seit über 20 Jahren in guter Nachbarschaft mit den eisenharten Jungs von der Waterkant.

Standort:

Südwestlich von Güstelitz bis zur L 29 (Deutsche Alleenstraße)

Ein Öko-Alptraum aus Beton

Buchen-Allee bei Samtens

Kreis Rügen
Arten: Rotbuche (*Fagus sylvatica*), Hainbuche (*Carpinus betulus*)
Alter: 130–150 Jahre

6

Die Rotbuchen-Allee, die seit weit über 100 Jahren an der L 30 zwischen Samtens und Garz steht, erlangte Ostern 2005 eine traurige Berühmtheit. Von weitem schon sieht man an den Stämmen die vielen weißen Kalkkreuze, die nichts Gutes verheißen. In einer spektakulären Aktion hatte der NABU Rügen auf eine sich anbahnende Straßenbau-Katastrophe hinweisen wollen. Und die Botschaft ist angekommen.

Es ist fast unheimlich: Aus der Allee, die überwiegend aus 25 m hohen Rot- und Weißbuchen besteht, ist nun ein Kreuzweg geworden. Im buchstäblichen und übertragenen Sinne. Doch dieser Kreuzweg muss nicht unbedingt mit dem Tod enden. Noch haben die Bäume eine gewisse Chance. Würde man empfindliche Messgeräte an die Bäume anschließen, der Zeiger würde sicher bis zum »roten Bereich« ausschlagen. Ja, Bäume verspüren Angst! Und das ist wissenschaftliche Realität mit Beweisen, die inzwischen Bücher füllen. So geben Bäume, die man gerade »hinrichtet«, ihren Artgenossen offenbar eine Warnung. Diese Bäume reagieren dann ihrerseits sofort mit einer erhöhten Baumharz-Produktion, für die bevorstehende Wundheilung – ein Phänomen, das man nur staunend zur Kenntnis nehmen kann.

Möge es dennoch der Allee erspart bleiben! Sie ist nur eines von vielen wertvollen Kleinoden der Natur, die den gigantischen Baumaßnahmen der geplanten neuen B 96n, der so genannten 2. Rügenanbindung, zum Opfer fallen sollen. Allein auf dem ersten, südlich

Die Linden-Allee in Bad Doberan wird von den Gleisen einer alten Schmalspurbahn begleitet.

von Samtens gelegenen Streckenabschnitt der insgesamt 5,3 km langen Allee, sollen 72 alte Rotbuchen gefällt werden. Es sind prächtige alte Bäume von 130–150 Jahren, einige davon mit knapp 3 m Umfang. Und sie sind nur ein Teil der insgesamt etwa 210 Bäume, die allesamt fallen sollen.

Standort:

L 30 zwischen Samtens und Garz, Kreis Rügen

Das »grüne Gewölbe« an der Mecklenburger Bucht

Linden-Allee in Bad Doberan

Kreis Bad Doberan
Art: Linde (*Tilia*)
Alter: Etwa 170 Jahre

7

Unter allen Straßenalleen mit Lindenbäumen zeichnet sich die von Bad Doberan ganz besonders aus. Im ganzen norddeutschen Land wird man keine Linden-Allee von solch exzeptionellem Charakter finden: Die Bäume scheinen fast wie aus einem Guss. Sie sind etwa 170 Jahre alt, 26 m hoch und wirken wie die von Säulen getragenen Kreuzbögen der Deckengewölbe eines mittelalterlichen Domes.

Ihre Einzigartigkeit verdankt die Allee dem Umstand, dass die Linden in jungen Jahren in etwa 3 m Höhe »geköpft« wurden. Nach dem Stutzen der Bäume lies man deren weiterer Entwicklung jedoch freien Lauf. Sie konnten fortan wachsen, wie sie wollten, fast ohne den Einfluss des Menschen; deutlich zu sehen sind nur die vielen inzwischen überwallten »Astaugen«, die nach einem Pflegeschnitt entstehen.

Die Allee beginnt südlich der Stadt, deren Name 1171 erstmals urkundlich erwähnt

Ein lebendes »Straßenmuseum«

Linden-Allee zwischen Reinberg und Brandshagen

Kreis Nordvorpommern
Art: Linde (*Tilia*)
Alter: Etwa 170 Jahre

8

Diese Allee im Nordosten Deutschlands blickt auf eine wechselvolle Geschichte zurück. Lange bevor das Auto erfunden wurde, existierte diese Straße als mittelalterlicher Hanse-Handelsweg. Im Zweiten Weltkrieg rollten hier die Panzer, später diente sie als DDR-Fernverkehrsstraße – und heute genießt sie ihren verdienten »Ruhestand«.

Die Bad Doberaner Linden-Allee bietet den Autofahrern ein perfektes Tunnelerlebnis.

wurde. Von der Nienhäger Chaussee nimmt sie ihren Verlauf weiter gen Norden bis zum Ortsausgang Richtung Heiligendamm. Erst hier wirkt die atemberaubende Tiefe der Allee. Man meint, durch einen riesigen, im gotischen Stil erbauten Tunnel zu fahren. Die Allee ist 14 m breit und wird ostseitig von einem Fahrradweg und auf der Westseite von den Gleisen der heute 120 Jahre alten und denkmalgeschützten Schmalspurbahn »Molli« flankiert. Sie ist die älteste Bahn ihrer Art an der Ostseeküste, und ihr nostalgischer Charakter ergänzt sich vortrefflich mit dem der Allee.

Für etwas Verwunderung sorgt die Lindenallee dann weiter nördlich. Denn urplötzlich »fehlt« die ostseitige Baumreihe – man sah es hier wohl für sinnvoller an, nicht Unmengen an Altgehölzen zu fällen, um für die Allee Platz zu schaffen, sondern den Laubmischwald gleich als gegengewichtiges Landschaftselement mit einzubeziehen.

Erwähnung verdient auch die westlich der Allee liegende Pferderennbahn. Sie gilt als die älteste ihrer Art Deutschlands und liegt in etwa auf der Hälfte der Strecke zwischen Bad Doberan und Heiligendamm. Die Barone Gottlieb und Wilhelm von Biel organisierten im August 1822, damals noch auf freiem Feld, das erste Rennen – zu Ehren der Erbgroßherzogin Alexandrine. Auf der im Jahr darauf errichteten Pferderennbahn galoppierten die stolzen Rosse samt Reiter dann alljährlich, bis der Betrieb 1961 eingestellt und die Bahn umgepflügt wurde. Zu neuem Leben erwachte die Rennbahn dann am 7. August 1993 anlässlich der 200-Jahrfeier von Heiligendamm, des ältesten deutschen Seebads an der Ostseeküste.

Standort:

An der Straße zwischen Bad Doberan und Heiligendamm

Die aus kräftigen, bis 25 m hohen Linden bestehende Allee hat viele Zeit- und Regierungsepochen überdauert, und – gleich einem Wunder – auch den modernen »Hochgeschwindigkeitsbundesstraßenbau«.
Die Ursprünge dieses uralten Handelsweges zwischen den Hansestädten Greifswald und Stralsund gehen vermutlich bis in die Mitte des 13. Jahrhunderts zurück. Fürst Wizlaw I. von Rügen erteilte 1241 dem Kloster Eldena, aus dem 1250 der Ort Greifswald entstand, die Genehmigung, einmal pro Woche einen Markt abzuhalten. Ein lebhafter Handel entstand, und der alte Handelsweg gewann immer mehr an Bedeutung.
Man kann sich noch heute bildlich und lebhaft vorstellen, wie die knarrenden Pferdefuhrwerke der Kaufleute über die mittelalterliche unbefestigte Straße holperten, wie sie sich auf dem Weg mit bis zu 8% Steigung hinaufquälten. Auch Wilhelm von Humboldt passierte diese Straße am 9. August 1796 auf seinem Weg nach Rügen. Knapp 40 Jahre später, etwa 1835, wurde dann die erste Straßenschotterung aufgebracht und die Allee gepflanzt.
Inzwischen sind die Linden zu stattlichen Alleebäumen von 18–25 m Höhe herangewachsen, deren Umfänge meist zwischen 3 und 4 m liegen. Einer der ältesten Veteranen ist eine knorrige Winterlinde von 4,51 m Umfang. Sie bestätigt das Alter von 170 Jahren.

Standort:

An der alten B 96 zwischen Brandshagen und Greifswald

Mit Linden und Kastanien über Berg und Tal

Kastanien-Linden-Allee bei Vollrathsruhe

9

Kreis Müritz
Arten: Linde (*Tilia*), Gewöhnliche Rosskastanie (*Aesculus hippocastanum*)
Alter: Etwa 250 Jahre

Die Landschaft in Vollrathsruhe, auf der vor einem Vierteljahrtausend die alte Guts-Allee aus Linden und Kastanien angelegt wurde, ist von einer geologisch buchstäblich bewegten Vergangenheit geprägt. Vor etwa 16 000 Jahren formte die letzte Eiszeit das für die Region typische hügelige Gelände.

Etwa 3000 Jahre später erfolgte vermutlich eine weitere Überformung der Landschaft durch späteiszeitliche Gletschervorstöße, die dann der Region am südwestlichen Rand des Naturparks Mecklenburgische Schweiz und Kummerower See ihr heutiges Gesicht verliehen: eine von Wäldern, Talmooren, Bächen, Söllen und Hügelketten mit bis zu 128 m Höhenunterschied durchzogene Landschaft. Gerade dieser Abwechslungsreichtum macht auch den besonderen Reiz dieser Allee aus, die etwa in der Mitte des 18 Jahrhunderts angepflanzt wurde. Wie ein Lindwurm schmiegt sie sich wellenartig an die Endmoränenlandschaft an und kriecht förmlich über die Hügel und Täler hinweg.

Ihren Anfang nimmt die Allee westlich von Vollrathsruhe, unweit des ehemaligen Schlosses und Schlossparks. Direkt neben der Deutschen Alleenstraße »fließt« sie anfangs westlich in Richtung Hallalit »bergab«. Zunächst sind es ausnahmslos Linden, die den alten, 3 m breiten Feldsteinweg säumen. Hier steht mit Baum Nr. 9/072 ein besonders prächtiges Exemplar von 4,52 m Stammumfang, wenn auch mit 20 m Höhe etwas kleiner als seine Nachbarn, die um die 22 m hoch und etwa 3 m stark sind. Hinter den Linden wird die Allee recht lückig, zum Teil verläuft der Feldweg »alleenlos« weiter, bis nach etwa 1,7 km die Linden von Rosskastanien abgelöst werden. Diese reichen dann fast lückenlos bis zum südlichen Rand von Hallalit heran, einem von insgesamt 6 Ortsteilen von Vollrathsruhe. Hier steht übrigens das mit 109 m Länge vermutlich längste Feldsteinkatengebäude der Welt.

Die Gründung der Allee fällt mit großer Wahrscheinlichkeit mit der des Gutes Vollrathsruhe zusammen. Es wurde um 1750 von Vollrath Levin II. von Maltzahn, einem der zahlreichen Adelsleute der Familie von Maltzahn, erbaut. Da die Kastanien-Allee im Gutspark des benachbarten Ortsteils Schloss Grubenhagen in etwa zur gleichen Zeit angelegt wurde, könnte es gut sein, dass

Wellenartig zieht sich die Linden-Allee über die von den Eiszeiten geformte Landschaft hinweg.

Ein Sonnenuntergang kann in der Allee bei Dobbin zu einem romantischen Naturerlebnis werden. In diesem Abschnitt der Allee stehen Linden.

auch hier Levin II. seine Hand im Spiel hatte. Die Ritter und Gutsherren von Maltzahn waren für diese Region ein großer Segen, denn auch an den Landstraßen pflanzten sie jede Menge alte Alleebäume, die fast alle bis heute erhalten sind.

Standort:
Westlich von Vollrathsruhe, gegenüber dem Gutspark

Achtung, gefiederter Flugverkehr!

Kastanien-Eichen-Linden-Allee bei Dobbin

10

Kreis Güstrow
Arten: Linde (*Tilia*), Gewöhnliche Rosskastanie (*Aesculus hippocastanum*), Stieleiche (*Quercus robur*)
Alter: 150–180 Jahre

Wer im Sommer durch die artenreiche Allee nördlich von Dobbin streift, kann durchaus damit rechnen, dass ein Trupp Wildgänse laut schnatternd über die Wipfel der Bäume hinwegfliegt. Und im Herbst, zur Zugzeit, steigt die Wahrscheinlichkeit noch. Nur wenige Kilometer westlich liegt der zweigeteilte 16 km² große Krakower See, der bekannt ist für seine reiche Vogelwelt. Die Dobbiner Allee befindet sich also mitten in einer »Einflugschneise«.

Aber auch andere tierische Gesellen kann man hier beobachten. Ich hatte das große Glück, im Juli 2005 am helllichten Tage einen kleinen Baummarder zu beobachten, der im Schatten der alten Kastanienstämme weltvergessen spielte. Seine Chance, alt zu werden, ist recht groß. Der 7 m breite Feldsteinweg wird nämlich, neben ein paar langsamen Treckern, meist nur von Wanderern oder Radlern benutzt.

Es ist ein Erlebnis, mitten in der ländlichen Idylle Mecklenburgs eine so »wilde« und artenreiche Feldallee bewundern zu können, wie es sie nicht mehr häufig gibt. 98 Linden, 38 Kastanien und 18 Eichen leben hier auf 1,2 km Länge im harmonischen Miteinander. Auch eine Pappel, die sich in die Allee »verirrt« hat, wurde in die Baumgemeinschaft freundlich aufgenommen. Alle Bäume sind kräftig und gesund und weisen Stammumfänge zwischen 3 und 3,5 m auf. Und auch wer als Naturforscher auf Entdeckungsreise durch die Allee geht, kommt auch auf seine Kosten: Seltene Wildobstarten stehen hier noch vereinzelt am Wegesrand und bieten Insekten und Vögeln gleichermaßen eine Oase.

Ein Besuch dieser Allee, die am nördlichen Rand des 36 500 ha großen Naturparks Nossentiner/Schwinzer Heide liegt, lohnt besonders im Herbst. Wenn das Licht der untergehenden Sonne mit den Blättern der Bäume spielt, fällt es schwer, diese Allee wieder zu verlassen.

Standort:

Nördlich von Dobbin und der L 204

Eine Alleen-Metamorphose

Linden-Allee bei Neu Grüssow

Kreis Müritz
Arten: Linde (*Tilia*), Stieleiche (*Quercus robur*)
Alter: 150–170 Jahre

11

Wer auf der Landkarte nach Neu Grüssow sucht, wird bemerken, dass die Autobahnverbindung von Berlin nach Rostock den Ort knapp streift. Glücklicherweise liegt die alte Linden-Allee fernab der Autobahn am Ostrand des Ortes. So blieb ihr bis heute viel Lärm und ein vorzeitiges Ende erspart.

Diese Allee ist von ungewöhnlicher Natürlichkeit: Der Weg, der zwischen ihr hindurchführt, weist keinerlei Befestigungen auf – nicht einmal ein Trampelpfad ist zu erkennen.

Als ich Anfang Juli 2005 diese Allee besuchte, hatte ich zunächst sogar Mühe, darin überhaupt eine Allee zu erkennen. Zwar ließen die Silhouette und Gestalt keinen Zweifel daran, aber die Zeit von 6 Jahren, die seit dem letzten Pflegeschnitt verstrichen war, hatte genügt, um die Allee sozusagen in einen »streifenförmigen Urwald« zu verwandeln. Just an dem Tag meiner Fotoarbeiten kamen dann tatsächlich zwei Arbeiter, die den Pflegeschnitt weiterführen wollten. Glücklicherweise hatte ich zuvor noch ein paar Impressionen dieser faszinierenden und zutiefst gegensätzlichen Mischung aus verwilderter und gepflegter Allee einfangen können. Wenn Natur und Kultur auf so engem Raum aufeinander treffen, entsteht eine wahrlich unwirkliche, ja bizarre Kulisse. Und der Nebel tat ein Übriges – wie auf dem umseitigen Bild gut zu sehen ist.

Im Bild oben ist die Neu Grüssower Linden-Allee noch in »natürlichem« Zustand.

Die alten Winterlinden sind von zum Teil sehr knorrigem Wuchs, 18–20 m hoch und knapp 3 m stark. Auch 3 Stieleichen stehen zwischen den Lindenreihen. Aber sie vertragen sich, trotz der »Übermacht«, bestens mit den Linden. Vor einigen Jahren hatte ein schwerer Sturm die Kronen einiger Linden ziemlich zerzaust; 2 Exemplare konnten den Naturgewalten nicht mehr standhalten und zerbrachen. 90 alte Linden sind jedoch bis heute erhalten und zählen zu den Alleen-Kleinoden im Herzen der Mecklenburgischen Seenplatte.

Standort:

Zwischen Neu Grüssow und der L 206

Mecklenburgs uralte Baumgiganten

Eichen-Allee in Schildfeld

Kreis Ludwigslust
Art: Stieleiche (*Quercus robur*)
Alter: 450–500 Jahre

12

Dies ist mit großer Wahrscheinlichkeit die älteste Eichen-Allee in Mecklenburg-Vorpommern, möglicherweise sogar die älteste Eichen-Allee von ganz Deutschland. Genau weiß das natürlich keiner, denn es ist nirgendwo dokumentiert. Und so bleibt der Ursprung der Schildfelder Allee, die seit vielen Jahrhunderten am westlichen Rand Mecklenburgs steht, weiter geheimnisumwittert.

Und wirklich, man traut seinen Augen kaum, wenn man im Landkreis Ludwigslust auf der L 05 durch Schildfeld fährt und diese respekteinflößenden Baumriesen am Straßenrand entdeckt. Alleen gibt es ja sehr viele in Mecklenburg-Vorpommern; insgesamt 2588,8 km. Doch die Schildfelder Allee, die gerade einmal 600 m lang ist, ist Meter für Meter, Baum für Baum ein einmaliges Naturerlebnis.

Im gesamten norddeutschen Raum existiert nach meinem Kenntnisstand keine Allee, gleich welcher Baumart, die eine solche Anzahl kapitaler Bäume vorweisen kann. Von den insgesamt 111 Eichen stammen noch viele aus der Erstpflanzung. Hier nur die Stammumfänge der 3 mächtigsten Exemplare: 5,55 m, 5,46 m und 5,07 m. Und selbst der Veteran, der hier mit 4,95 m den »undankbaren 4. Platz« einnimmt, würde in manch anderer Allee alle Rekorde brechen.

Über das Alter der Eichen hat sich schon manch ein Experte den Kopf zerbrochen. Angesichts der außergewöhnlich starken Stammumfänge ist ein Lebensalter von etwa 450–500 Jahren gut möglich. Damit zählt sie, neben den Eichenalleen von Gut Delling (Bayern) und Gut Holzhausen (Hessen) zu den 3 ältesten ihrer Art in Deutschland.

Möglicherweise standen diese Eichen schon als junge Bäumchen, als 1543 ein Müller

Das historische Foto von Herrmann Dahl (unten) zeigt die noch unbefestigte Straße der Schildfelder Allee im Jahr 1929.

namens Tabel die Mühle in Schildfeld erwarb. Die Wasserkraft der an der Mühle vorbeifliessenden Schilde machte er sich zunutze, um Korn zu mahlen und ein Sägewerk zu betreiben. Man kann sich lebhaft und bildlich vorstellen, wie damals die mit Mehlsäcken oder Holzbalken beladenen Pferdefuhrwerke knarrend und quietschend durch die Allee rumpelten. Nahezu unvorstellbar hingegen ist, dass diese Straße über Hunderte von Jahren hinweg völlig naturbelassen und unbefestigt blieb. Erst 1933 wurde sie asphaltiert. Welch ein Glück, dass der Fotograf Herrmann Dahl 1929 seine Kamera aufbaute und noch ein Bild vom ursprünglichen Weg schoss. Er konnte nicht ahnen, dass er damit auch ein seltenes historisches Fotodokument für dieses Buch geschaffen hat.

Heute zieht es alljährlich viele Touristen zu diesem Alleenwunder. Gerade Kinder sind immer wieder begeistert, wenn sie diese Baumgiganten sehen. »Die Kinder haben oft gestaunt, dass selbst manch ein Ast schon den Umfang eines Baumes hat«, erinnert sich Erika Behnke, die ganz in der Nähe der Allee wohnt. Die inzwischen pensionierte Lehrerin und Freizeit-Chronistin zog oft mit ihren Schülern an diesen knorrigen Veteranen vorbei. Vielleicht steht die eine oder andere Eiche noch, wenn auch diese Generation wieder Geschichte sein wird. Die alten Eichen werden sich in dieser Zeitspanne von 70–100 Jahren wohl kaum merklich verändert haben. Bleibt zu wünschen, dass die Baumriesen von Schildfeld noch einige menschliche Generationen überleben.

Standort:

In Schildfeld, an der durch den Ort führenden L 05

Auf schmalen Pfaden zum Gotteshaus

Linden-Allee bei Hülseburg

Kreis Ludwigslust
Art: Linde (*Tilia*)
Alter: 150–170 Jahre

13

Alleenfreunde, die das Romantische lieben und gerade im westlichen Mecklenburg unterwegs sind, sollten unbedingt die Linden-Allee nahe dem kleinen Ort Hülseburg besuchen. Sie ist ein wahres Kleinod, in das man sich verlieben könnte. Wer aus südlicher Richtung in den Ort fährt, wird die Allee ohnehin nicht übersehen, denn sie prägt mit ihrer erhabenen Erscheinung die ganze Region im Umfeld des Dorfes.

Schon auf den ersten Blick fallen 2 Dinge auf: Zum einen ist die Allee extrem eng gepflanzt – die Breite beträgt nur 4,5 m –, und zum anderen ist der Weg nahezu naturbelassen. Dennoch führen 2 Fahrspuren durch die Allee. Aber warum sollte man diese altehrwürdige Alleen-Kostbarkeit in 20 Sekunden durchfahren, wenn man doch 3 Minuten höchsten Alleen-Genuss auf 200 Schritten verteilt dafür bekommen kann?

Die 30 Linden, die heute 25 m hoch sind und 3 m Stammumfang haben, wurden etwa zu Anfang bis Mitte des 19. Jahrhunderts gepflanzt, sind also etwa 150 bis 170 Jahre alt. Am westlichen Ende steht in der perfekten Sichtachse zur Allee eine kleine, hübsche Kapelle, umgeben von einem alten Friedhof. Wenn im Sommer am frühen Morgen die Sonne aufgeht und die zarten Sonnenstrahlen die Stämme der Linden und den Giebel des Gotteshauses erleuchten, spürt man die Harmonie und Stille der geistigen und natürlichen Schöpfung Gottes.

Standort:

Südlich von Hülseburg

Die »Seidenbäume« des alten Schatzmeisters

Maulbeer-Allee bei Zernikow

Kreis Oberhavel
Arten: Schwarze Maulbeere (*Morus nigra*), Weiße Maulbeere (*Morus alba*), Bergahorn (*Acer pseudoplatanus*), Stieleiche (*Quercus robur*), Robinie (*Robinia pseudoacacia*)
Alter: Gut 255 Jahre

14

Michael Gabriel Fredersdorff setzte sich schon zu Lebzeiten ein lebendes Denkmal: die Maulbeer-Allee in Zernikow, im Norden Brandenburgs. Ihm verdanken wir dieses einzigartige Relikt aus der Mitte des 18. Jahrhunderts – der Regierungszeit des preußischen Königs Friedrich des II. In über zweieinhalb Jahrhunderten hat sich jedes der gegenwärtig noch lebenden Exemplare zu einer faszinierenden Baumpersönlichkeit entwickelt.

Fredersdorff war Kammerdiener und später Schatzmeister Friedrichs II. Für sein kühnes Vorhaben, eine Seidenraupenzucht großen Stils ins Leben zu rufen, war es unerlässlich, Maulbeerbäume, die einzige »akzeptierte« Futterpflanze des Seidenwicklers, großflächig anzubauen.

Dies konnte er nur mit der wohlwollenden Unterstützung seines Königs erreichen. Dieser war ihm freundschaftlich verbunden und schenkte ihm 1740 sogar das Gut Zernikow. Damit war der Grundstein zur Seidenraupenzucht gelegt.

Zunächst ließ Fredersdorff 1747 eine aus 8000 Bäumen bestehende Maulbeerplantage nördlich von Zernikow, in Nähe der Wassermühle anpflanzen. Die Anlage der Allee folgte 4 Jahre später.

Den alten Baumveteranen sieht man ihr Alter durchaus an. Sie wirken extrem gedrungen und haben beeindruckende Stammumfänge von 3,5–4 m. Mit 6–14 m sind sie meist ebenso hoch wie breit, und ihre bisweilen außergewöhnlich bizarre Gestalt lässt einen ins Schwärmen geraten.

Interessanterweise wurden in der Zernickower Allee beide Arten angepflanzt, die Schwarze Maulbeere (*Morus nigra*) und die Weiße Maulbeere (*Morus alba*). Letztere gilt als die weitaus bessere Futterpflanze für die Seidenraupe. Beide Arten stammen aus Asien und werden dort seit 2500 v. Chr. kultiviert.

Seite 46/47: Die Roteichen-Allee bei Kemmen ist eine der schönsten »Freie-Feld-Alleen« in Brandenburg.

Zu den Maulbeerbäumen gesellen sich noch einige alte Robinien und Stieleichen. Der »König« der Allee ist jedoch kein Maulbeerbaum, sondern ein kapitaler Bergahorn von 3,36 m Umfang und 20 m Kronendurchmesser. Der alles überragende Baumriese stammt vermutlich auch aus der Erstpflanzung und wirkt wie ein mächtiger Beschützer. Wie und warum auch immer er in dieser Allee von artfremden Gesellen seine Heimat gefunden haben mag, die »Maulbeergesellschaft« hat ihn freundlich aufgenommen und kommt bis heute bestens mit ihm aus.

Standort:

Nördlich von Zernikow in Richtung Bukow

Vom Rhinluch zur Niederlausitz

Allee im Land der Störche, Kraniche und Gänse

Eschen-Ahorn-Allee in Linumhorst

Kreis Oberhavel
Arten: Gewöhnliche Esche (*Fraxinus excelsior*), Bergahorn (*Acer pseudoplatanus*)
Alter: 80–100 Jahre

15

Kaum eine Autostunde nordöstlich von Berlin findet man eines der bedeutendsten Feuchtgebiete Brandenburgs: das Rhinluch. Die am östlichen Rand gelegenen Linumer Teiche und das Storchendorf Linum sind deutschlandweit bekannt. Angesichts solcher Juwele erscheint unsere östlich von Linum liegende Allee recht bescheiden. Aber auch sie ist ein wichtiger Mosaikstein in dem für Zugvögel so bedeutenden, feuchten Landstrich.

Es darf also nicht verwundern, dass unsere Allee aus 2 Baumarten besteht, die es gewohnt sind, mit nassen Füßen zu leben: Eschen und Bergahorne. Die Allee liegt etwa 4 km östlich von Linum, dem nach Rühstädt zweitgrößten Storchendorf Brandenburgs. Alljährlich ziehen im Schnitt 15 Brutpaare hier ihre Jungen groß. Die Bilanz für 2004 kann sich sehen lassen: 34 Jungstörche haben den Start ins Leben geschafft und zogen schon im Spätsommer mit ihren Eltern in die südlichen Überwinterungsquartiere. Fast noch größere Bedeutung hat das Gebiet aber für die durchziehenden und rastenden Zugvögel. Es ist eine der bedeutendsten Regionen dieser Art in Deutschland. Vor allem im Oktober, zur Hauptzugzeit, bietet sich ein einmaliges Naturschauspiel: Dann nämlich ziehen Zigtausende Kraniche, Saat- und Blässgänse laut schnatternd in schier endlosen Schwärmen über die Allee hinweg. Die Allee liegt auf halbem Wege zwischen Kremmen und Linum und führt von der L 16 nördlich zu dem kleinen Ortsteil Linumhorst. Sie ist 10 m breit, aber die 4 m breite und erst 2002 aufgebrachte Asphaltdecke erscheint angesichts der wenigen Häuser fast schon unnötig. Trotz gleichen Alters überragen die etwa 14 m hohen Eschen die nur etwa 10 m hohen Bergahorne um einiges. Etwa in der Mitte der Allee gesellen sich plötzlich Pappeln und Weiden hinzu, die ebenfalls typische Baumarten von Feuchtgebieten sind. Die Allee wird nördlich von Linumhorst immer »dünner« und geht schließlich in den Auwald über.

Standort:

Zwischen der L 16 und dem Ortsteil Linumhorst

Ruhelose Zeiten für die alten Platanen

Platanen-Allee in Dessau

Kreis Dessau
Arten: Ahornblättrige Platane (*Platanus acerifolia*), Stieleiche (*Quercus robur*), Gewöhnliche Rosskastanie (*Aesculus hippocastanum*), Robinie (*Robinia pseudoacacia*), Linde (*Tilia*) u.a.
Alter: 142 Jahre (2006, Platanen) 16

Die Geschichte von Dessau, einer der bedeutendsten Städte Sachsen-Anhalts, reicht bis in das 12. Jahrhundert zurück. 1863 wurde Dessau zur Hauptstadt des Herzogtums Anhalt, und ein Jahr später pflanzte man in der Heidestraße 54 Platanen, die alle bis heute überlebt haben. Sie bilden den markanten und herausragenden Teil einer 4-reihigen Allee, die allerdings an der heutigen B 184 steht. Und das heißt: 24 Stunden lang Autos, Autos und nochmals Autos.

An die 5 Millionen Fahrzeuge passieren die Allee inzwischen pro Jahr, und es ist wohl nur ein schwacher Trost, dass die Platanen, zusammen mit den Eichen, Ahornen, Kastanien, Buchen, Robinien und Linden, die mit ihnen in einer Reihe stehen, ihr Schicksal mit allen Straßenalleen Deutschlands teilen müssen.

Dennoch trotzen die Platanen bis heute wacker diesem Dauerstress. Die meisten Bäume haben sich sogar zu sehr stattlichen Recken von 17–27 m Höhe entwickelt. Platane Nr. 172 beispielsweise weist immerhin einen Umfang von 3,38 m auf. Das ist bei einem Alter von heute 142 Jahren (Stand 2006) sehr beachtlich. Insgesamt gibt es 11 Platanen mit einem Umfang von über 3 m. Die etwa gleichaltrigen Eichen sind ähnlich stark. Nur die

jüngeren Linden, die an der Außenseite der 4-reihigen Allee stehen, sind mit bis zu 1,8 m Umfang etwas »schmalbrüstiger«. Insgesamt findet man 8 verschiedene Baumarten in der Allee, aber die Platanen sind und bleiben die exotischen Lieblinge.

Es grenzt fast an ein Wunder, dass trotz der äußerst negativen Umwelteinflüsse keine der Platanen bis heute gefällt werden musste. Denn neben dem Lärm und den Abgasen bildet das Tausalz eine weitere, große Belastung. Es steht außer Frage: Die Bäume leiden, nur zeigen sie es (noch) nicht. Bei den Artgenossen am Rondell in der Franzstraße, die man beim Durchfahren der B 184 gut sehen kann, ist das leider anders. Sie sind freilich ungleich betagter und dürften mit heute 225 Jahren zu den ältesten Platanen Deutschlands zählen. 1781 hatte der damalige Fürst Franz die Bäume in einer ursprünglich kreisrunden Anlage pflanzen lassen. Bis heute haben lediglich 9 Exemplare überlebt. Sie gelten als eine dendrologische Kostbarkeit, und das ist wohl auch der Grund, warum sie – zur großen Freude von Baum- und Naturfreunden – noch immer dort stehen. Denn »normale« oder »namenlose« Bäume, mit ähnlich angegriffenem Gesundheitszustand, wären sicher längst entfernt worden. Beispiele zu diesem Thema könnten wir heute zu Hauf nennen, ganz gleich ob nun aus den neuen oder alten Bundesländern.

Die Platanen in der Heidestraße haben also gute Chancen auf ein langes, »sägefreies« Leben. Bleibt zu hoffen und zu wünschen, dass sie, zusammen mit der restlichen »Alleenbaumgemeinschaft«, noch lange den Torturen unserer hektischen Zeit widerstehen.

Standort:

Dessau, Heidestraße (B 184)

Im Zeichen des hölzernen Adlers

Ahorn-Allee bei Gräfenhainichen

Kreis Wittenberg
Art: Spitzahorn (*Acer platanoides*)
Alter: 80–100 Jahre

17

Manch ein Autofahrer, der diese Allee aus Spitzahornen südostwärts in Richtung Bad Düben durchfährt, wird wohl etwas verwundert auf den dort sitzenden großen Vogel blicken. Auf einem säuberlich gemauerten Sockel aus roten Klinkern thront nämlich stolz ein Adler. Aber er kann nicht fliegen, denn er ist aus Eichenholz.

Die von Stefan Rumbler angefertigte 1,4 m hohe Skulptur wirkt wie ein Wahrzeichen, wie der gute Geist der Allee. Seine Entstehungsgeschichte ist recht interessant. Alljährlich findet in Tornau, einem zum Gemeindebereich Gräfenhainichen zählenden Ort ein Wettbewerb statt: Die Künstler bekommen einen Holzklotz vorgelegt, der als Ausgangsbasis für die Skulptur dient. Mit Kettensägen »bewaffnet«, gehen die Freizeit- oder Profibildhauer dann ans Werk und erschaffen in 1–2 Tagen ihre Kunstwerke. Einige werden dann in der Stadt Gräfenhainichen oder angrenzenden Orten ausgestellt, wie jener hölzerne Adler, der seit 2001 am nördlichen Rand der Allee unweit der B 107 steht. Gut denkbar wäre an diesem Platz allerdings auch eine Baum-Skulptur. Sie hätte sich vortrefflich als Mahnmal zum Gedenken all der Bäume angeboten, die zur Nachwende-

zeit dem Ausbau der B 107 zum Opfer fielen. Die starken Verluste der fehlenden Bäume sind schmerzlich. Dennoch ist diese Ahorn-Allee für eine Bundesstraße noch recht dicht: Die hölzernen Kameraden stehen über 1,5 km wie eine Armee, Schulter an Schulter, 12 m von Kopf bis Fuß und mit gut 2 m »Taille«. Und das Bild der Kämpfer passt, denn gerade in den letzten Jahren mussten sich die Ahorne tatsächlich gegen so manche »Angreifer« wehren. Zwar gingen sie aus den Frontalangriffen der Blechkutschen stets als Sieger hervor, wovon etliche Narben an den Stämmen zeugen, doch durch den stetig steigenden Verkehrsstress sind sie anfälliger gegenüber Krankheiten geworden. So war im Herbst 2004 ein großer Teil der Spitzahorne von der Blattfleckenkrankheit *Didymosporina aceris* befallen.

Da Spitzahorne weit vor ihrem Blattaustrieb blühen, ist diese Allee etwa Anfang bis Mitte April ein optischer Augenschmaus und Genuss. Aber auch ein Besuch der 1285 erstmals urkundlich erwähnten Stadt Gräfenhainichen lohnt. Sie ist die Geburtsstadt von Paul Gerhardt (1607–1676), des nach Luther bedeutendsten Kirchenliederdichters im deutschsprachigen Raum. Die ihm zu Ehren gebaute Paul-Gerhard-Kapelle beherbergt auch eine Dauerausstellung über sein Leben und Werk. Mit sehr großer Wahrscheinlichkeit ist der Geistliche, vielleicht sogar sehr oft, den vormals mittelalterlichen Weg entlang gewandert, der heute B 107 heißt. Vielleicht stand auch schon im 17. Jahrhundert dort eine Allee, in der er Kraft und Inspiration für die Texte seiner wunderbaren, lobpreisenden Lieder gesammelt hat, die man noch heute in aller christlicher Welt singt.

Standort:

Östlich von Gräfenhainichen an der B 107

Ein Säulentempel für den Grafen

Eichen-Pappel-Eschen-Allee bei Brenitz

18

Elbe-Elster-Kreis
Arten: Stieleiche (*Quercus robur*), Hybridpappel (*Populus canadensis*)
Alter: Etwa 200 Jahre (Eichen), knapp 60 Jahre (Pappeln)

Die Eichen-Pappel-Eschen-Allee westlich von Sonnewalde ist eine der wenigen Lausitzer Alleen, die noch in der freien Feldmark zu finden sind. Sie beginnt westlich der L 703, direkt gegenüber des Sonnewalder Schlossparks. Der Weg ist noch völlig naturbelassen. Auf den ersten 600 m stehen nur Eschen, die dann von Hybridpappeln abgelöst werden. Und nach etwa 1,3 km betreten wir dann den »Eichensäulentempel«.

Graf Sollms zu Sonnewalde war ein Baum- und Alleenfreund; ihm haben wir einige Alleen in dieser Region zu verdanken, und diese hier ist eine der schönsten. Der Graf ließ sie gegen Ende des 18. Jahrhunderts entlang des ehemaligen Verbindungsweges zum Georgshof, dem Außengut des Sonnewalder Schlosses anlegen.

Der westlich der Grafenresidenz liegende Schlosspark, an den unsere Allee angrenzt, ist eine botanische Einmaligkeit: In dem urwaldartigen Auwald stehen über 40 kapitale Stieleichen mit 25–30 m Höhe und 4–5 m Umfang umgeben von urwüchsigem Erlen-Eschen-Bruchwald. Bis auf wenige menschliche Eingriffe, hat sich dieser Park jahrhundertelang weitestgehend ungestört entwickeln können.

Nördlich fließt der westlich aus dem Schlosspark kommende Landgraben an unserer Allee entlang. An seinem Ufer blüht im Frühjahr ein bunter Reigen mit Scharbockskraut, Buschwindröschen und Sumpfdotterblumen. Die Blumen lieben den Halbschatten, den die Alleebäume auf die Uferkante werfen.

In diesem Abschnitt der Allee stehen die Eichen besonders dicht. Bis auf wenige Aus-

nahmen ist hier so gut wie nichts gefällt worden. Ein schlimmer Eingriff hingegen war das grob unfachmännische »Köpfen« der alten Hybridpappeln etwa im Jahr 2000. Die Hälfte der verstümmelten Bäume ist in den Folgejahren eingegegangen.
Glücklicherweise hat sich niemand an den alten Eichen vergangen; die prächtigen Burschen sind heute 20–23 m hoch. Doch darüber können die Riesen, die in einer weiteren Allee im Süden an die Eichen angrenzen, nur milde lächeln. Die bis 3,5 m starken Hybridpappel-Hünen mögen wohl bisweilen an die 30-m-Marke heranreichen. Die Bäume sind zwar erst knapp 60 Jahre alt, aber nicht minder faszinierend. Nun gehört diese Pappel-Allee streng genommen natürlich nicht zu der oben beschriebenen, aber in Anbetracht der Mächtigkeit ihrer Bäume soll auch sie hier zumindest kurz erwähnt werden.

Standort:

Von der L 703 auf Höhe des westlichen Schlossparkrandes in westliche Richtung, entlang des Landgrabens

Lindenidylle im Reich des Bibers

Linden-Allee in Bad Liebenwerda

Elbe-Elster-Kreis
Art: Linden (*Tilia*)
Alter: etwa 100 Jahre

19

Wer sich am Abend in Bad Liebenwerda zu einem Spaziergang durch die Linden-Allee am östlichen Ufer der Schwarzen Elster aufmacht, dem kann es passieren, dass ein Biber seinen Weg kreuzt. Das ist nicht ungewöhnlich, denn Elbebiber haben sich wieder gut im Elbe-Elster-Land eingelebt. In Bad Liebenwerda trifft man sie seit den 80er-Jahren. Der zweitgrößte Nager der Erde ist zwar dafür bekannt, Bäume im arttypischen Doppelkegelschnitt zu fällen, aber die Linden-Allee hat er bislang verschont.

Die Bad Liebenwerdaer Linden-Allee auf einer Postkarte aus dem Jahr 1915.

Offensichtlich schmecken dem bis zu 36 kg schweren Vegetarier Weiden und Pappeln erheblich besser. Sie stehen ganz oben auf seinem etwa 170 verschiedenen Pflanzen umfassenden Speiseplan, daneben viele Kräuter, Blumen und Wasserpflanzen. Im Winter, also zur »vegetationslosen« Zeit, sind Biber allerdings auf die Rinde der Bäume angewiesen, die sie mit ihren messerscharfen, lebenslang nachwachsenden Schneidezähnen geschickt vom Stamm oder den Ästen abschälen. Selbst eine Eiche kann da kein wirkliches Hindernis darstellen. Im Gegenteil, sie wird zum Teil sogar bevorzugt genommen. Selbst dann, wenn eine »butterweiche« Birke direkt daneben steht, wie im Winter 1994/95 nördlich der Linden-Allee geschehen. Um an die Rinde und – im Sommer – an das Blattwerk zu gelangen, müssen die Bäume freilich gefällt werden, denn Biber können nun mal nicht auf Bäume klettern. Leider wird der Biber deshalb besonders unter den Landwirten, bis heute als Schädling diffamiert. Besonders dann, wenn er in seiner arteigenen Weise Dämme anlegt, um Wasser für den optimalen Wasserstand in seiner Burg anzustauen, was natürlich auch die umliegenden Wiesen feuchter macht. Der Vernichtungsfeldzug, der jahrhundertelang gegen den Biber hauptsächlich seines Pelzes wegen geführt wurde und ihn bis Ende des 19. Jahrhunderts (bis auf knapp 200 Exemplare, die am Mittellauf der Elbe überlebt haben) in dieser Region beinahe auslöschte, geht heute »zeitgemäß« weiter. Von ehemals etwa 300 Bibern im Elbe-Elster-Kreis leben heute (Stand 2006) noch gerade einmal die Hälfte, also etwa 150 Tiere – nicht zuletzt deshalb, weil es alljährlich etwa 30 Verkehrsopfer gibt.

Im Umfeld der Linden-Allee von Bad Liebenwerda darf der Biber noch ungestört seiner Lebensweise nachgehen: Burgen und Dämme bauen und seinen Lebensraum so gestalten, wie er es für richtig hält. Was nämlich seine Gegner nicht wahrhaben wollen ist die Tatsache, dass gerade das Anstauen des Wassers durch den Biberdamm die Pflanzenartenvielfalt auf den Wiesen wesentlich vergrößert. Letztlich also haben alle Mitbewohner seines Reiches ihren Nutzen davon. Auch die Alleebäume.

Die Linden-Allee in Bad Liebenwerda zieht sich wie ein Bogen über einige hundert Meter von der Bahnhofstraße im Norden bis zur Brücke an der B 183. Jenseits der Brücke verläuft ebenfalls eine Allee, allerdings mit anderen Baumarten, und auch das Alter der Bäume ist meist wesentlich höher, sodass sich ein völlig anderer Charakter ergibt.

Vermutlich wurde die Linden-Allee zwischen 1900 und 1905 von einem Verein von Naturfreunden angelegt. Gegenüber befindet sich noch ein kleiner, ursprünglicher Auwald-Rest. Dieses »Urwald-Relikt« hat Ende des 18. Jahrhunderts der damalige Preußenkönig, dem der Wald gehörte, der Stadt geschenkt. Wer durch diesen Wald wandert, kann über eine Brücke die schöne und dichte Allee erreichen, deren Linden heute etwa 20 m hoch sind. Sie ist eine echte Zierde und aus dem Stadtbild nicht mehr wegzudenken.

Standort:

Bad Liebenwerda, zwischen der Brücke an Bahnhofstraße und der Brücke an der B 183

Salzreiche und stürmische Zeiten

Ahorn-Eichen-Allee an der B 169

20

Elbe-Elster-Kreis
Arten: Spitzahorn (*Acer platanoides*), Roteiche (*Quercus rubra*)
Alter: 80–150 Jahre

Die B 169 zählt zu den verkehrsreichsten Alleestraßen im Süden Brandenburgs. Die überwiegend aus Spitzahorn und Roteichen bestehende Allee erstreckt sich von Elsterwerda über Kahla bis Plessa und bekommt erst 3 km östlich von Plessa größere Lücken. Dort stehen allerdings auch die prächtigsten Bäume: stattliche alte Roteichen von über 20 m Höhe und etwa 3 m Stammumfang.

Die wesentlich jüngeren Spitzahorne im Westen der Allee sind dagegen nur etwa 12–15 m hoch und haben meist nur 1,5–2 m Umfang. Im Gegensatz zu den Roteichen zeigen sich aber an diesen Bäumen in den letzten Jahren mehr und mehr deutlich sichtbare Schäden. Der auf dieser Strecke sehr dichte Verkehr fordert seinen Tribut. Zwar sind die Kronen der meisten Bäume noch immer relativ gleichmäßig und dicht, aber von Jahr zu Jahr nimmt die Zahl an erkrankten Bäumen zu. Als Hauptursache gilt, wie überall an deutschen Alleestraßen, der übertriebene Einsatz von Streusalz. Den immer älter und anfälliger werdenden Bäumen wird hier eine Belastung zugemutet, die auch für die Zukunft der Spitzahorne nichts Gutes verheißt.

Warum die Roteichen, die weiter östlich stehen, diese »Versalzung« bislang verkraftet haben, bleibt ihr Geheimnis. Aber es ist eine bekannte Tatsache, dass Roteichen wesentlich unempfindlicher gegen solche schädlichen Einflüsse sind.

In den 90er-Jahren wurden im Gewerbegebiet westlich von Plessa einige Ahornbäume einer Straßenverbreiterung geopfert. Die anschließende Entscheidung, die Ahorn-Allee weitestgehend mit Leitplanken einzuzäunen, hat sich sowohl für die Autofahrer als auch für viele weitere Bäume als lebensrettend erwiesen.

Rechts: Ein Sandsturm am 02. April 2004 verwandelte die Allee in ein mystisches Naturgemälde.

Begünstigt durch die ausgedorrte Ackerkrume des nördlich an die Ahorn-Allee angrenzenden Feldes und einem starken Ostwind mit einer Windstärke zwischen 6 und 7 kam es am 2. April 2004 zu einem heftigen Sandsturm. Stundenlang hüllte der feine Ackersand die Allee in dichten Nebel, sodass die Autofahrer am helllichten Tag mit Licht fahren mussten. Es war aber auch für mich ein besonderes Ereignis denn unter solch extremen »Wüsten«-Bedingungen hatte ich bislang in meiner Region noch keine Aufnahmen machen müssen. Die spektakulären Fotos der in orangeroten Sandnebel gehüllten Allee waren dann aber doch Lohn genug für einen von Kopf bis Fuß dick eingestaubten Alleen-Reporter.

Standort:

Entlang der B 169 zwischen Elsterwerda und Plessa; dahinter etwa 3 km in Richtung Lauchhammer

Die Apfelstraße am Rande der alten Klosterstadt

Apfel-Allee bei Doberlug-Kirchhain

21

Elbe-Elster-Kreis
Art: Kulturapfel (*Malus domestica*)
Alter: 80–100 Jahre

Wo gibt es heute noch Obstbaum-Alleen, die ihre natürliche Altersgrenze von 80 bis 100 Jahren erreicht haben? Nahe der über 1000-jährigen Klosterstadt Doberlug steht eine solche und man kann sich an ihr das ganze Jahr über erfreuen: Im Frühjahr begeistern die Bäume Menschen und Tiere mit ihrer Blütenpracht. Im Sommer findet man unter dem schattenspendenden Laub Erholung. Und im Herbst reifen an ihr die rot leuchtenden Äpfel, bevor im Winter beschauliche Stille einkehrt.

Ja selbst den Winter kann man an dieser Allee ausgiebig genießen. Besonders dann, wenn die Sonne am westlichen Firmament untergeht und die Silhouetten der Apfelbäume in den roten Abendhimmel ragen. Die Straße, an der die Apfel-Allee Anfang des 20. Jahrhunderts angelegt wurde, ist vermutlich ein uralter Verbindungsweg zwischen Lugau und jener anno 1005 von Thietmar von Merseburg erstmals erwähnten Stadt, die heute Doberlug heißt. 2005 konnte die namhafte Klosterstadt folglich auf volle 1000 Jahre bewegte Geschichte zurückblicken und dieses seltene Jubiläum ausgiebig feiern. Über die Grenzen hinaus bekannt ist Doberlug für sein 1228 geweihtes Zisterzienserkloster, den bedeutendsten spätromanischen Kirchenbau der Niederlausitz. Auch entlang des alten Marktplatzes finden wir alte Alleen, darunter sehr seltene Rotdorn-Bäume. Diese

Rarität, eine zum Baum gezüchtete Kulturform des wild vorkommenden Strauches, ist übrigens auch im benachbarten Kirchhain zu entdecken. Die Bäume sind sehr alt und knorrig.

Das Schicksal der Fällung ist den Bäumen der Apfel-Allee vor den Toren der Stadt zwar nicht ganz erspart geblieben, aber es liegt lange Jahre zurück. Vor allem im äußersten Osten, kurz vor Lugau, muss das geschehen sein, denn dort stehen die Bäume so dünn, dass man nicht mehr von einer geschlossenen Allee sprechen kann. Immerhin existieren aber noch 800 m mit den alten Apfelbäumen, von denen die meisten mit etwa 7–8 m ebenso hoch wie breit sind und respektable Umfänge von bis zu 1,5 m haben.

Wenn der Herbst naht, kann man diese Allee nur als Naturereignis beschreiben. Zentnerschwer lasten auf jedem Baum die rot leuchtenden Früchte, die aber leider kaum genutzt werden. Auch dieser Anblick tut weh, wenn dann wochenlang die herabfallenden Äpfeln von Autorädern zermalmt werden. Im freien Feld hätte diese Allee sicher einen wesentlich besseren Standort gehabt, dann hätte das Wild noch die Früchte nutzen können. Einige Apfelbäume der Allee werden wohl in absehbarer Zeit ohnehin nicht mehr tragen. Sie wurden im Herbst 2005 so unfachmännisch geschnitten, dass es um ihre Zukunft schlecht bestellt ist. Schnittmaßnahmen mögen bisweilen sinnvoll und notwendig sein, doch wenn sie nicht fachgerecht ausgeführt werden, kann dies das Leben eines Alleebaums sogar erheblich verkürzen.

Standort:

Landstraße zwischen Doberlug-Kirchhain und Lugau

Feldalleenjuwel in »steinreicher Gegend«

Eichen-Allee bei Kemmen

Kreis Oberspreewald-Lausitz
Art: Roteiche (*Quercus rubra*)
Alter: Etwa 200 Jahre

22

Kaum jemand, der südlich von Kemmen auf dem naturbelassenen Feldweg entlang wandert, wird wohl damit rechnen, hier eine Allee vorzufinden. Schließlich zieht sich über 300 m lediglich eine einseitige Gehölzreihe mit Wildobstbäumen, Wildrosen und Birken am Weg entlang. Umso größer ist dann aber die Überraschung, plötzlich vor einer der schönsten niederlausitzer Feldalleen zu stehen.

Das Durchwandern dieser Allee sollte bedächtig geschehen, besonders, wenn man das Glück hat, diese Region im Spätherbst zu besuchen. Die Freude steigert sich zu Begeisterung, wenn der Wind durch die leuchtend gefärbten Blätter rauscht.
Zu Füßen der Baumhünen liegen unzählige kleine und größere Steine. Sie stammen vom Feld und wurden zum Großteil auch für die Pflasterung des 2 m breiten Weges genutzt. Die Allee selbst ist 9 m breit und endet erst an dem Weg, auf dem einst die Postkutschen entlang polterten: Es ist die historische Poststraße von Calau nach Finsterwalde.
Die Roteichen-Allee steht schon seit Jahrzehnten unter Schutz und ist der ganze Stolz des über 500-jährigen Ortes Kemmen, einem ehemaligen Rittergut. »Die Bäume haben mindestens 200 Jahre auf dem Buckel«, schwärmt Ortsbürgermeister Peter Schollbach, der im denkmalgeschützten ehemaligen Gutshaus von Kemmen auch einen kleinen landwirtschaftlichen Betrieb führt.

1793 wurde in Dresden von A. S. Weinholdt eine Glocke gegossen, die später in die Kemmener Kirche gelangte. Dieses Kleinod aus dem 15. Jahrhundert liegt ziemlich genau auf der Wegesachse, etwa 500 m nördlich der Allee. Vermutlich nutzten einige der gläubigen Menschen schon damals die Allee als willkommenes Ziel eines Sonntagsausfluges. Damals waren die Bäume freilich noch klein, vielleicht gerade einmal mannshoch. Heute, 200 Jahre später, sind aus ihnen »stramme Burschen« von etwa 18 m geworden. Und die Wachstumsgrenze ist noch lange nicht erreicht, denn Roteichen können bis zu 35 m hoch werden. Diese Maße sind allerdings in einer Allee kaum realistisch, sondern gelten eigentlich nur für frei stehende Solitärbäume. Dennoch haben die Roteichen von Kemmen eine große Zukunft vor sich, da das Schicksal es gut mit ihnen meinte und sie nicht an einer verkehrsreichen und vor allem »verkehrssicherungspflichtigen« Straße Brandenburgs angepflanzt wurden.

Standort:

Etwa 300 m südlich von Kemmen

Das Leiden der kranken Linden

Linden-Eichen-Allee bei Sonnewalde

Elbe-Elster-Kreis
Arten: Linden (*Tilia*),
Roteiche (*Quercus rubra*)
Alter: 130–150 Jahre

23

Die B 96 ist eine der längsten Bundesstraßen im Osten Deutschlands. Sie führt mitten durch die ehemalige Burgenstadt Sonnewalde und verläuft dann gen Norden in Richtung Luckau. Alleen gibt es an vielen Abschnitten dieser Straße. Aber die 3,2 km lange Allee, die direkt hinter Sonnewalde mit Linden beginnt und später von Roteichen abgelöst wird, steht hier noch besonders dicht. Wie lange das noch so sein wird, ist fraglich, denn die Hälfte der Linden ist krank.

Mitte August werden bei etwa 50 % des Lindenbestandes plötzlich die kräftig grünen Blätter an den Spitzen und Blatträndern in einem mehr oder weniger breiten Rand braun; hier signalisieren die Bäume, dass sie krank sind. Schuld trägt – wieder einmal – das Streusalz.

Linden zählen neben Ahornen, Kastanien und Eichen zu den besonders salzempfindlichen Baumarten. Aber gerade diese 4 Baumarten machen das Gros der deutschen Alleebaumbestände aus. Durch die erhöhte Salzkonzentration wird verhindert, dass der Baum die lebensnotwendigen Nährstoffe aufnehmen kann. Der so genannte exosmotische Effekt bewirkt, dass den Wurzeln Wasser entzogen wird und der Baum letzlich verhungert oder verdurstet. Der Boden ist mittler-

Im Bild rechts stehen die Linden noch recht dicht. Aber das Foto vom August '05 könnte schon bald ein historisches werden, wenn die kranken Linden sich nicht erholen sollten. Unten: Nördlich der Linden stehen Roteichen.

weile so hoch kontaminiert, dass man noch in sage und schreibe 200 m (!) Abstand von der Straße das Salz nachweisen kann. Die Bäume leiden Höllenqualen, aber man nimmt es billigend in Kauf.

Im Nachbarland Mecklenburg-Vorpommern gelten inzwischen etwa die Hälfte der Alleenbäume als salzgeschädigt. Und in Brandenburg dürfte der Wert ähnlich hoch liegen, was meine private Baumschau Anfang Oktober 2005 sehr eindrucksvoll bestätigt hat. Von den 301 Linden mussten 149 – also fast auf den Baum genau die Hälfte des Bestandes – als krank oder schwerkrank eingestuft werden. Dabei könnte man den kranken Linden effektiv helfen, indem man auf besagtem Abschnitt kein Salz, sondern Sand oder ähnliches streut. Bei ausbleibendem Streusalzeinsatz, so haben Untersuchungen gezeigt, können sich die belasteten Bäume wieder erholen.

Standort:

B 96 nördlich von Sonnewalde

Ein grüner Tunnel bis zum Horizont

Kastanien-Eichen-Eschen-Allee zwischen Lug und Wormlage

Kreis Oberspreewald-Lausitz
Arten: Gewöhnliche Rosskastanie (*Aesculus hippocastanum*), Roteiche (*Quercus rubra*), Stieleiche (*Quercus robur*), Gewöhnliche Esche (*Fraxinus excelsior*)
Alter: 130–150 Jahre

Alleengesäumte Landstraßen gibt es in der Niederlausitz noch zuhauf. Wie wir jedoch aus Erfahrung wissen, nimmt die Dichte der Baumreihen aufgrund von Fällungen und nicht durchgeführten Nachpflanzungen von Jahr zu Jahr ab. Zwischen den beiden ländlichen, kleinen Orten Wormlage und Lug findet man aber noch eine Allee, die einem Alleenfreund das Herz höher schlagen lässt. Die Kastanien, Eichen und Eschen stehen hier fast so dicht wie eine Wand, und das beidseitig.

Die Tiefenwirkung der voll geschlossenen Kronen ist enorm. Um diese »Tunnelwirkung« voll zu genießen, empfiehlt es sich, seinen fahrbaren Untersatz abzustellen, bis zur Mitte der Straße zu laufen und dann gen Süden zu schauen. Natürlich immer mit einem Auge auf den Verkehr.
Steigt man dann wieder ein und fährt weiter, dreht sich der Kilometerzähler im Auto tatsächlich bis »3,4«, ehe der grüne Tunnel zu

Das im Frühjahr zart lindgrüne Laub der Roteichen wird im Herbst feuerrot!

Ende ist. Das ist die komplette Strecke zwischen den beiden Niederlausitzer Ortschaften Lug und Wormlage. Ja, das Schicksal meint es mit dieser fast lückenlos erscheinenden Allee offensichtlich gut. Bislang sind hier keine sichtbaren Salzschäden, so gut wie keine Lücken und kaum Verkehr vorhanden. Ein Erlebnis ist diese Allee allemal.

Vielleicht sind es die Rosskastanien, die ihren besonderen Reiz ausmachen. Sie stehen beidseitig der Straße kurz vor der Ortslage Lug. Es sind 44 Exemplare von meist über 2 m Umfang, was auf ein Alter von etwa 120–140 Jahre schließen lässt. An die Rosskastanien – kein Alleenbaum könnte im Frühjahr eine Straße prächtiger schmücken – schließen sich die Roteichen an. Sie sind ähnlich stark wie die Rosskastanien, einige Exemplare haben sogar 3 m Umfang. Da es auf diesem Abschnitt der Landstraße in Richtung Wormlage keine weitere Kurve gibt, konnten sich die heute 15–17 m hohen Eichen, Eschen und Ahorne zu diesem fantastischen, endlos wirkenden grünen Tunnel entwickeln. Kurz vor Wormlage stehen sogar noch einige ältere Stieleichen und Eschen, die etwa das gleiche Alter aufweisen wie die Roteichen.

Früher war diese Landschaft, wie fast überall in der Niederlausitz, von feuchten Niederungen geprägt, die sich zu beiden Seiten der Allee hinzogen. Davon sieht man allerdings heute so gut wie nichts mehr. Dass es diese grandiosen Naturlandschaften noch bis ins vergangene Jahrhundert gegeben haben muss, davon zeugen einige Auwaldreste östlich und südöstlich der Allee. Heute sind überall die tiefen und breiten Entwässerungsgräben zu sehen. Sie ziehen sich parallel zur Allee hin oder durchqueren sie sogar, und die ganze Gegend ist geprägt von einer intensiven, monokulturellen Landwirtschaft. Da kann eine artenreiche Allee zu einem echten Naturerlebnis werden.

Standort:

An der Landstraße zwischen Lug und Wormlage

Die Rosskastanie ist in der Lausitz ein eher seltener Alleebaum und daher eine hochwillkommene Abwechslung.

Pyramidenpappeln in der Pyramidenstadt

Pappel-Allee in Cottbus

Kreis Cottbus
Art: Pyramidenpappel
(*Populus nigra* 'Italica')
Alter: 80 – 100 Jahre

25

Wer hätte gedacht, dass der vermeintliche Allerweltsbaum Schwarzpappel einmal in die Rote Liste der gefährdeten Pflanzen aufgenommen werden muss – denn mit dem Küren zum »Baum des Jahres 2006« soll ja in erster Linie auf seine bedrohliche Situation aufmerksam gemacht werden und auf seine Seltenheit. Inzwischen gilt die Schwarzpappel als vom Aussterben bedroht. Im Nordosten von Cottbus, der größten Stadt der Niederlausitz, die auch den Beinamen »Pyramidenstadt« trägt, kann man die Mutationsform dieser kostbaren Alleenbaumart – die Pyramidenpappel – noch bewundern.

Aus einer spontanen Mutation der Schwarzpappel (*Populus nigra*) entstand – vermutlich in der Lombardai – die bis 300 Jahre alt und 35 m hoch werdende Pyramidenpappel. Sie ist zwar schon seit dem Mittelalter bekannt, gelangte aber erst durch Napoleon als Alleebaum zu einer weiten Verbreitung.
Schwarzpappeln sind sehr schnellwüchsig und haben Jahresringe bis zu 4 cm (!). Da sie allerdings nicht sehr langlebig sind, verschwanden sie rasch wieder aus dem Straßenbild. Ihr weiches Holz, dem keine besondere Belastbarkeit zugesprochen wird, wurde ihnen immer wieder zum Verhängnis. Ein trauriges Beispiel lieferte wieder einmal die Niederlausitz, als vor wenigen Jahren an den Ufern vieler Wasserwege des Spreewaldes

die herrlichsten Schwarzpappeln aus »Verkehrssicherungsgründen« gefällt wurden. Einige urwüchsige Exemplare hatten weit über 5 m Umfang und hätten an sich als kostbares Naturdenkmal geschützt werden müssen.

In Cottbus ist die Pappelwelt aber glücklicherweise noch in Ordnung – auch wenn es sich, wie erwähnt, nur um die als »Pyramide« gezüchtete Schwarzpappel-Variante handelt. Woher diese ihren Namen hat, bleibt allerdings ein Rätsel. Denn man kann in ihrer Wuchsform beim besten Willen keine Pyramide erkennen. Möglicherweise deshalb wird sie auch als »Säulenpappel« bezeichnet.

Die Cottbuser Pappel-Allee steht an einem für Alleen sehr ungewöhnlichen Weg, auf dem noch vor einigen Jahren Züge fuhren. Heute ist diese Trasse stillgelegt, und die Gleise rosten vor sich hin. Die Natur erobert sich dieses Terrain allmählich wieder zurück, und zwischen den Gleisen blühen prächtige Blumen. Auch im Winter sind Alleen dieser Art sehr sehenswert. Und manchmal sogar deren Liebhaber: Als ich am 2. Januar 2006 inmitten dieser Allee mit der Kamera Raureifimpressionen einfing, fand das Kamerateam eines lokalen Cottbuser TV-Senders dies so interessant, dass meine Aktivitäten ihrerseits in ihre aktuellen Tagesimpressionen einflossen.

Die Stammumfänge der Cottbuser Pappeln reichen von etwa 0,5 bis 3 m. Merkwürdig ist, dass die ältesten Exemplare von etwa 3 m Umfang kaum höher sind als die jüngsten, die schon gut 20 m erreichen – wohlgemerkt bei kaum einem halben Meter Stammumfang. Ab einem gewissen Alter scheint die Spezies *Populus nigra* 'Italica' offenbar nur noch massiv in die Breite zu wachsen, was ja auch bei der Spezies *Homo sapiens* bisweilen der Fall sein soll.

Standort:

Im Nordwesten der Stadt Cottbus, an der Pappelallee

Die Gnade der frühen Geburt

Eichen-Allee an der B 169 bei Leuthen

Kreis Spree-Neiße
Arten: Roteiche (*Quercus rubra*), Stieleiche (*Quercus robur*)
Alter: Etwa 150 Jahre (Roteichen) bis 400 Jahre (Stieleichen)

26

Prächtige alte Roteichen-Alleen sind charakteristisch für die Niederlausitz. Eine der wertvollsten Straßenalleen dieser Art können wir heute noch südlich von Cottbus, am Rande des kleinen Ortes Leuthen bestaunen. Gut 150-jährige Prachtexemplare stehen dort auf über 3 km verteilt an der ehemaligen B 169. Dass sie dort noch immer stehen, haben sie offenbar dem Glück zu verdanken, dass sie nunmehr ein Alter erreicht haben, in dem bei Alleebäumen wohl Gnade vor Recht ergeht.

Wären die Bäume jünger, dazu muss man kein Prophet sein, wären sie wohl – ganz ohne Gnade – dem Straßenausbau geopfert worden. Doch man hatte offensichtlich zu großen Respekt vor den alten Bäumen und plante den Ausbau der B 169 in beispielhaft »alleenfreundlicher« Weise. Sie führt nun an der östlichen Seite der Allee vorbei.

Mitte des 19. Jahrhunderts, im damaligen Preußen, war die Roteiche ein sehr beliebter Alleebaum. Inzwischen kann man den aus Nordamerika stammenden »Fremdling« gar nicht mehr als solchen bezeichnen. Denn der einstige »Neubürger« unserer heimischen Flora hat sich inzwischen bestens eingelebt. Und wie sich herausstellte, kam und kommt er mit den Belastungen des modernen

Straßenverkehrs (insbesondere Tausalz) besser zurecht als unsere heimischen Linden und Ahorne.

Die meisten der Roteichen weisen heute zwischen 2 und 3,3 m Stammumfang auf, sind um die 20 m hoch und haben etwa 10–12 m Kronendurchmesser. Außerordentlich erfreulich ist die Tatsache, dass in dieser Allee sogar in großem Umfang Nachpflanzungen getätigt wurden. 241 junge Eichen stehen auf 3,3 km verteilt. Leider sind ein paar der Jungbäume freilich schon wieder ohne Haupt; vielleicht war es der Sturm. Aber auch das lässt sich durch Nachpflanzungen beheben.

Nun gibt es aus der Leuthener Allee noch weitere faszinierende Details zu vermelden: So steht ganz im Norden, dort, wo die Allee beginnt, noch eine Hand voll alter Stieleichen aus der Erstpflanzung. Dieses Relikt stammt, man kann es kaum glauben, vermutlich aus dem frühen 17. Jahrhundert. Darauf jedenfalls lässt der Umfang der stärksten Stieleiche schließen: 4,24 m. Die Straße muss also schon sehr alt sein und war einstmals von Stieleichen gesäumt. Und nur einen Steinwurf von dieser Ur-Alleen-Stieleiche entfernt steht wenige Meter neben der Straße ein Baumkoloss, der alles andere buchstäblich in den Schatten stellt: eine riesige, kandelaberartige Traubeneiche von 27 m Höhe, 20 m Kronendurchmesser und beeindruckenden 7,17 m Stammumfang. Das majestätische Naturdenkmal ist mit einem Alter von 650–700 Jahren vermutlich das älteste Lebewesen der gesamten Region. Und ein dendrologisches Kleinod dazu, denn Traubeneichen kommen in dieser Gegend ungleich seltener vor als Stieleichen. Unvorstellbar, was wohl dieser Baum alles erzählen könnte und wie viele Fahrzeuge in all den Jahrhunderten schon an ihm vorbeigefahren sind. Nur waren das eben vor beinahe 700 Jahren ganz, ganz andere als heute.

Standort:

An der B 169 südöstlich von Leuthen

Alleenbaumvielfalt nach Spreewaldart

Linden-Eichen-Apfel-Allee zwischen Werben und Burg/Spreewald

Kreis Spree-Neiße
Arten: Linde (*Tilia*), Roteiche (*Quercus rubra*), Kulturapfel (*Malus domestica*)
Alter: 130–150 Jahre (Apfelbäume ca. 50 Jahre)

27

Wer kennt ihn nicht, den Spreewald. Das größte Binnenfeuchtgebiet Deutschlands, das sich über weite Teile der nördlichen Niederlausitz erstreckt, ist deutschlandweit bekannt für die unzähligen Wasseradern, umgeben von artenreichen Auwäldern, Mooren und Feuchtwiesen. Als »Alleenland« ist der Spreewald (bislang) noch nicht bekannt.

Daher scheint die Zeit reif, dies mit diesem Porträt zu ändern. Stellvertretend für die Spreewald-Alleen soll hier die Allee aus Linden, Eichen und Apfelbäumen auf der L 51 zwischen Werben und Burg »zu Wort« kommen.

Schon die geografische Lage dieser Allee ist interessant: Sie teilt den östlichen Oberspreewald in zwei praktisch gleiche Hälften, die gleichzeitig die östliche Grenze des 474 km^2 großen Biosphärenreservates Spreewald markieren. Auch die beiden Orte, zwischen denen die Allee liegt – Werben und Burg – sind uralte Spreewald-Dörfer. Dabei ist Werben mit seinen 1000 Jahren sogar noch wesentlich jünger als Burg, das etwa 600 n. Chr. von den ersten Wenden, auch Elbslawen genannt, gegründet worden sein soll. Nachfahren dieses Volksstammes leben heute noch dort. Archäologische Funde nördlich von Burg belegen sogar eine Erstbesiedlung aus der Jungsteinzeit (5500–2600 v. Chr.) und der Bronzezeit (2150–700 v. Chr.).

Angesichts dieser Zeitspanne scheinen die 130–150 Jahre, die unsere Alleebäume hier stehen, relativ kurz. Und tatsächlich gibt es einige berühmte Baumgestalten unweit der Allee, die ein Vielfaches älter sind. Die berühmte Florentineneiche etwa, leider inzwischen abgestorben, könnte an die 1000 Jahre gelebt haben. Ihr Torso steht wie ein Denkmal der Unverwüstlichkeit deutscher Eichen nur wenige Kilometer nordwestlich. An Roteichen war damals in Deutschland noch nicht zu denken. Die »Nordamerikaner« kamen erst im 18. Jahrhundert, wurden dann aber rasch eingesetzt. So auch an der L 51. Westlich von Werben wird die Allee freilich von »deutschen« Linden angeführt, die im selben Altersspektrum wie die Roteichen liegen dürften, ebenfalls etwa 16 m hoch sind und um die 2 m Stammumfang haben.

Der Linden-Eichen-Tunnel ist 2 km lang, bevor sich das Bild abrupt ändert: Die vielleicht 50–60 Jahre alten Apfelbäume, die die Allee sehr lückig und zum Teil einseitig fortführen, bilden kein über der Straße geschlossenes »Dach« mehr. Bei Apfelbäumen ist das ohnehin selten: Hier muss ein Alter jenseits der 80 erreicht sein, bei relativ schmaler Straße, damit die Kronen sich über der Straße schließen können.

Standort:

L 51 zwischen Werben und Burg

Die Methusalem-Allee von Krügersdorf

Eichen-Eschen-Allee in Krügersdorf

28

Kreis Oder-Spree
Arten: Stieleiche (*Quercus robur*), Gewöhnliche Esche (*Fraxinus excelsior*)
Alter: 220–850 Jahre

Wohl keine andere Allee im weiten deutschen Alleenland kann solche Baumgiganten vorweisen wie die Eichen-Allee im brandenburgischen Krügersdorf. Und das an einer Bundesstraße. Die ältesten Eichenveteranen sind von solch majestätischer Erscheinung, dass man ganz ehrfürchtig, ja demütig wird, wenn man vor ihnen steht.

Beginnen wir mit der vielleicht schönsten Alleen-Eiche Deutschlands, der Bouqueteiche. Sie steht nördlich von Krügersdorf kaum 2 m von der Straße entfernt und eröffnet den Reigen der Eichen-Methusalems. In 1,3 m Höhe bringt sie es auf sagenhafte 8,86 m Umfang. Damit ist sie mit geschätzten 800–900 Jahren ohne jeden Zweifel auch eine der ältesten noch lebenden Alleen-Eichen in Deutschland. Übertroffen wird sie lediglich von einer Artgenossin, die unglaublicherweise nur wenige hundert Meter westlich in einer an die B 264 angrenzenden Allee steht: der berühmten, vermutlich über 1000-jährigen Krügersdorfer Eiche. Sie ist die älteste Eiche Brandenburgs und mit 10,55 m Stammumfang womöglich sogar die stärkste und älteste noch lebende Alleen-Eiche Europas. Völlig unverständlich, warum man Anfang August 2005 ihre Krone regelrecht verstümmelt hat. Man kann nur hoffen, dass sich der Baum von diesem unfachmännischen »Pflegeschnitt« wieder erholt.

Doch zurück zur Bouqueteiche. Sie darf, im Gegensatz zur Krügersdorfer Eiche, ihre Krone noch in all ihrer Schönheit entfalten. Wer vor ihr steht, zu ihr aufschaut und sie dazu sanft berührt, wird feststellen, welch positive Energie von ihr ausgeht. Empfindsame Menschen, die Herz, Sinne und Seele öffnen und dem »Bruder Baum«, wie die Indianer sagen, in respekt- und liebevoller Weise begegnen, können das bezeugen. Sowohl die Krügersdorfer Eiche als auch die Bouqueteiche sind übrigens mit Sicherheit natürlich gewachsen. Seit Jahrhunderten ist diese Gegend sehr grundfeucht, was die außergewöhnliche Fülle an Starkeichen erklärt. Denn auch im Gutspark stehen jede Menge alte Eichen.

Bei all den faszinierenden Einzelexemplaren fällt es schwer, sich der »normalen« Eichen-Allee zu widmen. Aber auch die ist natürlich sehr sehenswert und mit ca. 220 Jahren für eine Straßenallee sehr alt. Sie zieht sich in Richtung Beeskow auf über 2 km Länge hin und hat kaum Lücken. Die Eichen erreichen 18 bis 20 m Höhe, bei durchschnittlich 2–3 m Stammumfang. Weitere Starkeichen in dieser Allee bringen es auf beeindruckende 6,87 m, 5,79 m und 4,54 m Umfang. Wir finden sie entlang der B 246 in Krügersdorf zwischen anderen Allee-Eichen. Fast erstaunlich, dass es sich nicht um Roteichen-Exoten, sondern um echte deutsche Stieleichen handelt, die man leider immer seltener findet. Nach den Eichen geht der Bestand dann in reine Eschen über.

Einige Abschnitte der Straße sind zum Teil beplankt, was die optische Wirkung dieser Allee etwas mindert. Aber den Gesamteindruck kann es nicht schmälern, denn diese Allee mit ihren außergewöhnlichen Baumpersönlichkeiten sucht ihresgleichen.

Standort:

Krügersdorf, entlang der B 246 in Richtung Beeskow

Der goldene »Lindwurm« vom Barnim

Linden-Allee bei Beiersdorf

Kreis: Märkisch-Oderland
Art: Linde (*Tilia*)
Alter: 130–150 Jahre

29

Wer in den letzten Oktobertagen auf der B 158 von Berlin nach Bad Freienwalde fährt, sollte auf etwa halber Strecke einen kleinen Abstecher nach Beiersdorf machen. Die Überraschung ist groß, denn kein Mensch würde in dieser Gegend mit einer solchen Alleen-Kostbarkeit rechnen: Ein »wahrer« Lindwurm aus 533 Linden, verteilt auf 2,5 km!

Man kann die Allee natürlich auch in den anderen Jahreszeiten besuchen. Das visuell größte Erlebnis bietet sie aber ohne jeden Zweifel im Herbstlaub, wenn das Gegenlicht der späten Abendsonne den endlos erscheinenden Baumtunnel mit goldenem Licht durchflutet und dem Betrachter einen optischen Hochgenuss beschert!

Die Allee liegt im Herzen der Barnimer Feldmark, einer landwirtschaftlich geprägten Landschaft nordöstlich von Berlin. An dieser Allee wird besonders deutlich, welch große Rolle Alleen in unseren heutigen »ausgeräumten« Agrarlandschaften spielen, denn sie verbinden große, gleichförmige Landschaftsräume und lockern das Landschaftsbild ungemein auf. Gerade die »Ostflanke« dieser Linden-Allee besteht aus einer riesigen Ackerfläche, die bis auf einige Hügel wenig

Höhepunkte bietet. In dieser Umgebung ist eine solche Allee nicht nur ein echter Blickfang, sondern auch eine regelrechte Oase für Vögel, die dankbar sind, in der freien Feldflur auf solche grüne Inseln zu treffen.

Bis auf eine größere Lücke von gut 100 m zieht sich die Allee in außergewöhnlicher Dichte an der ländlichen Straße K1 entlang, die direkt an die B 158 anschließt. Abgesehen von einer Hand voll Spitzahorne, Bergahorne und Stiel-

eichen besteht diese Allee ausschließlich aus prächtigen und vitalen Linden. Und das Baum an Baum, in 9 m Abstand – man könnte ins Schwärmen geraten. Als ich die Fotoaufnahmen für diesen Bildband machte und mich für den »maximalen Tunneleffekt« mitten auf die Straße stellen musste, hielt auch tatsächlich eine Frau an, drehte die Scheibe runter und teilte mir ihre Freude über dieses Alleenerlebnis mit.

Leider scheinen Hecken und Feldgehölze, die vor einigen Jahrzehnten bis fast an den Rand der Allee gepflanzt wurden, für die Linden dieses Abschnitts eine echte Behinderung zu werden. Man hatte beim Anpflanzen offensichtlich nicht bedacht, dass aus einem kleinen Bäumchen ein großer Baum werden kann. Nun bekommen die an die Gehölzreihen angrenzenden Alleen-Linden von Jahr zu Jahr weniger Luft und Licht. Mit sehr umsichtig und sorgsam durchgeführten Freischnitten der Feldgehölze könnte man wieder für ein echtes »Durchlüften« der Linden-Allee sorgen.

Standort:

Landesstraße K 1 zwischen Beidersdorf und der B 158

Stumme Zeugen einer großen Schlacht

Misch-Allee zwischen Lebus und Seelow

30

Kreis Märkisch-Oderland
Arten: Stieleiche (*Quercus robur*), Spitzahorn (*Acer platanoides*), Gewöhnliche Esche (*Fraxinus excelsior*), Flatterulme (*Ulmus laevis*)
Alter: 200–250 Jahre

Viele Menschen, die den Begriff »Seelower Höhen« hören, verbinden ihn sofort mit den Geschehnissen der letzten Kriegstage des Zweiten Weltkriegs. Bei der blutigen »Schlacht um die Seelower Höhen« erkämpften sich vom 16.–18. April 1945 etwa 800 000 Rotarmisten den Weg nach Berlin, der von 100 000 deutschen Soldaten verteidigt wurde. Die alte Allee zwischen Seelow und Lebus hat diese Schlacht inmitten der Verteidigungslinie als stumme Zeugin miterlebt – und überlebt.

Ganz im Gegensatz zu einem Großteil der Soldaten, denn: in den 3 Tagen dieser Schlacht kamen 33 000 russische, 12 000 deutsche und 5000 polnische Soldaten ums Leben. Der Kampf um den Vormarsch nach Berlin wurde in den Morgenstunden des 16. April 1945 mit einem gewaltigen Artillerieschlag vom Reitweiner Sporn aus begonnen. Diese geologisch markante Anhöhe stellt die südöstliche Grenze des Oderbruches dar und liegt etwa 7 km östlich der Allee. Hier kann man heute noch Shukows Befehlsstand besichtigen. Er war damals Marschall und Oberbefehlshaber der 1. Belorussischen Front, die gegen die Wehrmachtstellungen gekämpft hat. Es war die letzte und zugleich auch die schwerste Schlacht des Zweiten Weltkrieges auf deutschem Boden, bei der 16 000–20 000 Artilleriegeschütze zum Einsatz kamen und binnen weniger Minuten eine halbe Million Granaten auf die Wehrmacht-Stellungen niederging. Man kann sich lebhaft vorstellen, dass vielleicht der eine oder andere Baum als »Kugelschutz« gedient und sogar Leben gerettet hat. Möglicherweise wurden auch Alleebäume in Mitleidenschaft gezogen. Aber nach nunmehr über 60 Jahren sind die Wunden an den Stämmen gut verheilt.

Die Allee indes hat braune wie rote Zeiten gut überlebt. Ihre stattlichen Stieleichen, Spitzahorne, Eschen und Ulmen sind heute 200–250 Jahre alt und stehen von Seelow bis ins südlich gelegene Lebus auf nahezu 17 km verteilt. Es sind wahre Prachtkerle dabei, wie zum Beispiel eine Stieleiche von 4,25 m Umfang und 25 m Höhe. Die größten Kostbarkeiten sind aber ohne Zweifel die alten Ulmen – jede einzelne ist ein regelrechtes Alleebaumjuwel und müsste unter besonderen Schutz gestellt werden. Ulmen sind in Alleen so selten, dass sie wohl nur mit Blutbuchen oder Maßholder vergleichbar sind, von denen wohl noch weniger Exemplare an den Straßenrändern stehen. Hinzu kommt, dass Ulmen fast ausschließlich als Mischbäume in Alleen verwendet wurden. Meines Wissens gibt es keine einzige reine Ulmen-Allee in Deutschland.

Dominiert wird diese Allee von den Stieleichen, die meist zwischen 2 und 3 m Umfang haben. Aber auch hier ist die Zeit nicht stehen geblieben, und viele alte Riesen sind bereits gefallen – durch Menschenhand – ob nun berechtigt oder nicht. Doch trotz Fällungen, Lücken und bedrohter Ulmen –der positive Gesamteindruck überwiegt. Wie zum Beweis entfaltet die grandiose Allee kurz vor Seelow noch einmal ihre ganze lückenlose Schönheit.

Standort:

Seelow entlang der B 167 in Richtung Lebus

Über die Oberlausitz zum Eichsfeld

Ein Traubeneichen-Alleen-Traum

Eichen-Allee in Zittau

31

Kreis Zittau
Art: Traubeneiche (*Quercus petraea*)
Alter: 350–400 Jahre

Im südöstlichsten Zipfel der neuen Bundesländer liegt Zittau, direkt an der polnischen Grenze. Die alte Oberlausitzer Stadt beherbergt eine der beeindruckendsten Alleen dieser sächsischen Region. Sie liegt in der Weinau, einem parkähnlichen Waldgebiet am westlichen Ufer der Neiße. Diese Region ist reich an Alleen aus alten, knorrigen Eichen, doch diese Eichen-Allee an der westlichen Grenze der Weinau ist von ganz besonderer Pracht und Seltenheit.

Dies ist die einzige Traubeneichen-Allee, die in diesem Buch erscheint. Alle anderen bestehen entweder aus Stiel- oder Roteichen. Im Gegensatz zu vorgenannten Arten lieben Traubeneichen höhere Lagen und kommen auf bis zu 700 m vor. Diese Allee befindet sich auf etwa 240 m Höhe, im Vorgebirgsland des Zittauer Gebirges.
Die Hünen können sich wahrlich sehen lassen. Über 20 Exemplare haben einem Stammumfang zwischen 3 und 4 m und eine Höhe von durchschnittlich 17–20 m. Der Methusalem unter ihnen mag wohl 350–400 Jahre zählen, worauf sein Stammumfang von fast 5 m schließen lässt. Freilich ist das Schätzen des Alters immer sehr schwierig, denn es sind

Seite 78/79: Selbst in verblühtem Zustand ist die Kefferhausener Mehlbeer-Allee ein optischer Hochgenuss von bundesweiter Einmaligkeit.

sehr viele Faktoren, die den Wuchs und somit die Gestalt des Baumes beeinflussen. Das geht von der Bodenbeschaffenheit bis hin zu den Lichtverhältnissen, die man in diesem Fall nicht unbedingt als übermäßig günstig bezeichnen kann. Alte und ausgewachsene Exemplare können übrigens bis zu 40 m Höhe erreichen.

Im Osten grenzt ein Tierpark an die Allee, westlich eine artenreiche Feuchtwiese, auf der im Frühjahr zahlreiche Blumen wie das Scharbockskraut und Gelbe und Weiße Buschwindröschen blühen. Die asphaltierte Straße, die durch die Allee führt, ist für den öffentlichen Verkehr gesperrt. Nur Fahrzeuge des Grenzschutzes patrouillieren regelmäßig hier entlang. Zum Joggen scheint die Allee ebenfalls sehr gut geeignet zu sein. Viele Zittauer nutzen sie aber einfach nur, um sich bei einem gemütlichen Spaziergang, begleitet vom Gesang der Vögel, zu erholen. Direkt am südlichen Ende der Allee liegt übrigens der LKW-Grenzübergang nach Polen, und die Allee bietet den oftmals stundenlang wartenden Brummifahrern eine willkommene grüne und vielgestaltige Kulisse.

Nur einen Steinwurf von der Eichen-Allee entfernt trifft man auf eine weitere Allee, die laut Definition allerdings gar keine ist. In schöner Gleichmäßigkeit säumen hier Baum an Baum stattliche und bis zu etwa 15 m hoch aufragende Pappeln nämlich keine Straße, sondern einen Bachlauf mit kristallklarem Wasser, der wie eine Miniaturausgabe der Neiße aussieht.

Wer sich zu Fuß in die sehenswerte Innenstadt von Zittau aufmacht und am Weinauring entlangspaziert, wird noch mit einer weiteren Alleen-Besonderheit belohnt: einer 4-reihigen Linden-Allee, die direkt in die Stadt führt.

Standort:

Am östlichen Rand der Stadt, an der Weinau, in Nähe des Westufers der Neiße

Die Lindengeister von Großhennersdorf

Linden-Allee bei Großhennersdorf

Kreis Löbau-Zittau
Arten: Sommerlinde (*Tilia platyphyllos*),
Winterlinde (*Tilia cordata*)
Alter: 150–200 Jahre

32

Wer diese außergewöhnliche Allee in einer nebeligen Vollmondnacht durchfährt, wird sich wohl eines gewissen Schauers kaum erwehren können. Aber es genügt auch schon, am helllichten Tag durch diese Allee zu fahren, um sich die bange Frage zu stellen, was hier wohl mit den Bäumen passiert sein muss, um solch ein bizarres Aussehen zu bekommen. Solch sonderbare Baumgestalten wird man jedenfalls kaum ein zweites Mal in Deutschland finden.

Es sind alte Linden, die erst im hohen Alter »geschoren« wurden. Das könnte vielleicht vor 5 oder 7 Jahren passiert sein. »Wir hatten große Bedenken, dass die Linden das nicht überleben«, erinnert sich ein Anwohner. Die Linden waren vor dem radikalen Eingriff – aus Gründen der »Verkehrssicherheit« – vielleicht doppelt so hoch wie heute.

Nun, offensichtlich ging es diesmal noch gut. Durch das völlige Entfernen der mittleren und kleinen Äste im Kronenbereich wurden die 150–200-jährigen Linden allerdings zum Austreiben neuer, junger und vor allem dünner Triebe gezwungen, die ihnen das heutige skurrile Aussehen verleihen. In relativ jungen Jahren dürften jedoch auch bereits Pflegeschnitte durchgeführt worden sein, was man an dem etwas »zickzackartigen« Wuchs der Äste noch heute gut erkennen kann.

Die Allee zieht sich hinter Großhennersdorf über 1,9 km hin und besteht aus Sommer- und Winterlinden, letztere jedoch nur als Nachpflanzungen. Jetzt werden Sie, liebe

Leser, sich vielleicht fragen, warum hier plötzlich die genaue Artangabe erscheint und bei all den vorherigen Linden-Alleen nicht. Daher möchte ich an dieser Stelle nochmals kurz auf die Problematik der Artbestimmung bei Linden eingehen. Sommer- und Winterlinden lassen sich ja ohne Zweifel relativ gut

voneinander unterscheiden. Aber angesichts der gängigen Praxis, Sommer- und Winterlinden in einer Allee anzupflanzen, war es mir aus Zeitgründen unmöglich, die manchmal Hunderte von Linden dahingehend zu überprüfen, um welche Art es sich handelt. Bei dieser Allee machte ich eine Ausnahme – auch weil die Winterlinden ausschließlich junge Nachpflanzungen sind. Des weiteren haben sich manchmal sogar Holländische Linden (*Tilia europaea*) – die Kreuzung aus beiden Arten – in Linden-Alleen »eingeschlichen«, die selbst Fachleute kaum von ihren »Eltern« unterscheiden können. Ich bitte also um Verständnis, wenn auch bei den folgenden Linden-Alleen-Porträts lediglich die Gattungsbezeichnung »Linden« erscheint.

Standort:

Entlang der Landstraße Ortslage von Großhennersdorf

»Eschenkinder« am Grunde des Steinbruchs

Eschen-Allee bei Elstra

Kreis Kamenz
Art: Gewöhnliche Esche
(*Fraxinus excelsior*)
Alter: 10–15 Jahre (2006)

33

Sie ist eine der jüngsten Alleen in diesem Buch, aber dennoch wert, hier porträtiert zu werden. Schließlich sind reine Eschen-Alleen echte Raritäten – ganz gleich, wie alt sie nun sind. Wahrscheinlich zählen unsere Elstraer Eschen gerade einmal 10 oder 15 Jahre. Gemessen an ihrer Lebenserwartung von etwa 300 Jahren müssen wir hier also fast noch von Kindern sprechen. Aber selbst dieser »Alleenkindergarten« ist sehenswert.

Die Frage mag sich wohl schon so mancher Alleenfreund gestellt haben, warum es so wenige Eschen-Alleen in Deutschland gibt. Die Antwort muss offen bleiben. Einzelne und alte Exemplare finden wir zwar hin und wieder, meist versteckt in anderen Laubbaum-Alleen, aber »komplette« Eschen-Alleen sind und bleiben Seltenheiten.

Bemerkenswert ist, dass Eschen in zwei völlig gegensätzlichen Lebensräumen vorkommen: Man unterscheidet zwischen Wassereschen und Kalkeschen. Unsere jungen Alleen-Eschen darf man ohne Zweifel zu letztgenannter Kategorie zählen, da sie nicht am Ufer einer Flussaue, sondern an einem sehr trockenen Standort inmitten der Lausitzer Bergkette stehen.

Seit Jahrhunderten gilt die Esche als Lieferant eines sehr harten und unübertroffen zähen Holzes. Schon die alten Kelten und Griechen, denen die Esche sogar heilig war, fertigten ihre Speere, Lanzen und Bögen daraus. Aber so weit müssen wir die Uhr der Geschichte gar nicht zurückdrehen: Sehen Sie sich doch einmal den Stiel Ihres Beils oder Ihrer Axt an. Es wäre sehr ungewöhnlich, sollte er nicht aus Eschenholz sein.

Nun müssen wir aber keine Angst um unsere jungen Eschen haben, dass sie über kurz oder lang als Werkzeugstiele im Supermarkt landen. Als Alleebäume haben sie nämlich noch einen wesentlich höheren Nutzen, den man bei der Elstraer Allee schon jetzt erkennen kann. Die Straße, an der sie angepflanzt wurde, führt nämlich in einen nahe gelegenen Steinbruch. Dort wird Granodiorit abgebaut – ein etwa 540 Millionen Jahre altes Gestein. In dem Steinbruch finden sich aber auch sulfidische Minerale wie Pyrit und feinkristalline, dunkelglimmerreiche Xenolithe. Beim Abtransport des Gesteins auf LKWs kommt es insbesondere im Sommer zu einer beträchtlichen Staubentwicklung. Und gerade Eschen können Staub gut binden, da die

Blattoberfläche der vielen Fiederblätter in der Summe sehr groß ist. Unvergesslich ist jedoch der optische Wert dieser Allee. Im Mai 2004, als ich sie besuchte, standen die jungen, in etwa 6–7 m Abstand gepflanzten Eschen mit ihren frischen, grünen »Köpfen« von etwa 1 m Durchmesser zwischen gelb leuchtenden Rapsfeldern. Der strahlend blaue Himmel gab noch seine Farbe hinzu, und schon war ein Naturgemälde entstanden, an dem man sich kaum satt sehen konnte.

Die Allee grenzt direkt an die B 98 an. Folgt man dieser Straße in nördliche Richtung nach Elstra, kann man noch Relikte einer ehemaligen, etwa 200-jährigen Winterlinden-Allee entdecken. Ganz in der Nähe dieser nur 3200 Einwohner zählenden Stadt entspringt übrigens die Schwarze Elster der wir ja schon an der Bad Liebenwerdaer Linden-Allee begegnet sind. Doch dort ist die Schwarze Elster schon ein »richtiger« Fluss, in Elstra hingegen noch ein Bächlein.

Nun darf man also gespannt sein, wie sich unsere »Eschenkinder« in Elstra entwickeln. In ein paar Jahren werden aus unseren Bäumchen wohl schon richtige »stramme Jungs« geworden sein.

Standort:

Zufahrtstraße zum Steinbruch Kindisch, direkt westlich an die B 98 angrenzend, zwischen Elstra und Rauschwitz

August der Starke und seine Kastanien

Kastanien-Allee in Pillnitz

Kreis Dresden
Art: Gewöhnliche Rosskastanie
(*Aesculus hippocastanum*)
Alter: 50–280 Jahre

34

Die Kastanien-Allee, die von Hosterwitz zum Pillnitzer Schloss führt, zählt zu den schönsten Alleen Sachsens und der gesamten südostdeutschen Region. Das längste Stück führt westlich vom Dresdner Ortsteil Hosterwitz über mehr als 1 km Länge direkt bis zum Pillnitzer Schloss, der einstigen Sommerresidenz von August dem Starken.

Im Vergleich zu den ältesten Exemplaren des Schlossgartens sind die Rosskastanien im gesamten westlichen Bereich noch recht zierlich. Kein Wunder, handelt es sich doch um Nachpflanzungen aus dem letzten Jahrhundert – mit durchschnittlichen Stammumfängen von 50–80 cm. Im Frühjahr lohnt sich der Besuch des Schlosses schon wegen der blühenden Kastanien-Alleen.
Wer die älteren Kastanien-Alleen sehen möchte, muss ein Stückchen weiter wandern, denn diese sind erst unmittelbar vor der prächtigen Schlossanlage zu bewundern. Doch auch sie sind noch immer nicht die Originale aus der Zeit des Sachsenkönigs. Diese nämlich stehen nördlich vom Bergpalais in einer uralten, 4-reihigen Rosskastanien-Allee. Sie stammt wahrscheinlich aus dem Jahr 1725. Das prächtigste Exemplar aus dieser Allee bringt es auf 3,38 m Stammumfang und ist, wie alle noch existierenden Altkastanien dieser Allee, etwa 280 Jahre alt. Interessant ist an dieser Stelle der Vergleich mit einer Kastanie, die ebenfalls etwa 280 Jahre zählt, sich aber völlig »alleenfrei« ent-

falten konnte. Sie steht etwa 100 m südöstlich des Schlosses, wenige Meter neben der Uferkante der Elbe, und bringt es auf stolze 4,13 m Umfang, 22 m Höhe und 15 m Kronendurchmesser. Ein Starkast im unteren Stammbereich hatte bis vor kurzem noch den kapitalen Umfang von 2,89 m vorzuweisen. Wohl gemerkt, hatte. Jetzt sieht man nur noch seine Astscheibe vom Durchmesser einer Tischplatte. Warum auch immer er entfernt wurde, eine solch erhabene Kastanien-Majestät kann nichts schänden!

Mit der Gestaltung der Pillnitzer Schlossgartenanlage begann man bereits 1723. 2 Jahre später wurden dann die Kastanien-Alleen gepflanzt. Erst 1778 entstand der Englische Garten, der noch heute weitere beeindruckende Baumgestalten beherbergt, die hauptsächlich westlich der alten Kastanien-Allee stehen. Beispiele sind die »10-armige« Persische Eiche (Stammumfang 4,61 m) und eine über 200-jährige Lärche. Eine der größten botanischen Kostbarkeiten findet man unweit der Orangerie: die berühmte und überregional bekannte 200-jährige Kamelie, die mittlerweile einen kapitalen Kronenumfang von 35 m hat und seit 1992 in einem eigenen, neuen Glashaus lebt. Sie ist die älteste Kamelie Europas.

Das alles haben wir also dem Kurfürsten Friedrich August I., genannt »der Starke«, zu verdanken. Er muss ein echter Baumfreund und Liebhaber von künstlerisch angelegten und gestalteten Alleen gewesen sein. Wie sonst wäre eine derartige »Alleendichte« in Pillnitz zu erklären? Wie oft mag er wohl mit seiner Mätresse Anna Constantia Gräfin von Cosel durch die zu seiner Zeit noch jungen Baumreihen gewandert sein? Manchmal scheint es fast wie ein Wunder, dass über die Jahrhunderte und oft sogar über Kriegszeiten hinweg derartige Alleen der Nachwelt erhalten blieben, die heute alljährlich Abertausende von Besuchern aus aller Welt anziehen.

Standort:

Schloss Pillnitz, im gesamten Schlossbereich, insbesondere im westlichen und nördlichen Teil der Anlage

Die Deichgrafen der Torgauer Elbauen

Misch-Allee bei Torgau

35

Kreis Torgau-Oschatz
Arten: Gewöhnliche Rosskastanie (*Aesculus hippocastanum*), Linde (*Tilia*), Stieleiche (*Quercus robur*), Roteiche (*Quercus rubra*), Gewöhnliche Esche (*Fraxinus excelsior*), Robinie (*Robinia pseudoacacia*), Schwarzpappel (*Populus nigra*) u.a.
Alter: Etwa 250–270 Jahre

Für die Abenteurer unter den Allenfreunden kann diese Allee zu einer einmaligen und unvergesslichen Entdeckungsreise werden. Doch zuvor muss man sie erst einmal entdecken. Auch bei mir geschah das ziemlich spät – im März 2006 – zum Glück aber nicht zu spät für dieses Buch. Aus Platzgründen musste allerdings ein anderes Porträt diesem grandiosen Alleenunikat weichen. Wenn Sie meiner Reise folgen, werden Sie verstehen warum.

Bleiben wir noch einen Augenblick beim Thema Abenteuer. Das kann im Winter, bei bis zu 50 cm hohen Schneewehen, in dieser Allee ein ziemlich heftiges werden. Es sei denn, man hat einen Allradler, der den »Alleenjäger« treu und brav durch jedes Loch schaukelt und durch jede Schneedüne zieht, selbst bei 17 cm Neuschnee und – 10 °C, wie wir sie am 12. März, dem Tag meiner Winteraufnahmen, hatten.

Die 1,7 km lange, reliktartige Allee liegt an einem uralten, historischen Verbindungsweg zwischen Graditz und Pülswerda, zwei seit dem Mittelalter bestehenden Dörfern der Elbeniederung im Südosten von Torgau. Sie wurde etwa zwischen 1722 und 1750 angelegt und trägt die Handschrift August des Starken, den wir schon von den Pillnitzer Alleen kennen. Diese Vermutung stützt sich auf die Tatsache, dass Graditz 1722 auf Anordnung des Sachsenkönigs zur »Churfürstlich Sächsischen Stutterey Graditz« erhoben und noch im selben Jahr mit dem Bau des Schlosses Graditz und dem Neubau aller Gebäude des Hofgestüts nach Plänen des berühmten Architekten Matthäus Daniel Pöppelmann begonnen wurde. Nach oder sogar noch während dieser Baumaßnahmen könnte auch die Allee angepflanzt worden sein.

Die Ursprünge des Gestüts Graditz gehen bis zum Jahr 1630 zurück. Die saftigen Auwiesen der Elbe waren eine willkommene Gabe der Natur, die man sich zunutze machte, um für die Trakehner-Stuten weitläufige Pferdekoppeln anzulegen, die westseitig fast entlang der gesamten Allee verlaufen. Auf diesen Koppelwiesen stehen alte, knorrige Hutebäume, die in heißen Sommern den Tieren Schatten spenden.

Zum Teil jahrhundertealte Rosskastanien und Stieleichen sind auch in der Allee zu finden, dazu weitere verschiedene Baumarten, 11 insgesamt. Keine andere Allee in diesem Bildband hat eine größere Vielfalt zu bieten. Hier gibt es Kostbarkeiten, ja seltenste Baumrelikte – selbst eine schlichte Roteiche hat hier die rätselhafte Gestalt eines riesigen Reisigbesens angenommen. Selbst auf den zweiten kopfschüttelnden Blick fällt es schwer, das zu verstehen.

In dem Umfeld diese Eiche stehen die beiden beeindruckensten Baumgestalten der Allee: 2 echte, völlig gesunde Schwarzpappeln von 5,37 m bzw. 4,62 m Stammumfang und jeweils etwa 25 m Höhe. Der blaue Farbpunkt an jeder der Pappeln gibt freilich zu denken – denn nicht der Baum stellt hier eine Gefahr dar, sondern der Mensch. Die Schwarzpappel ist, wie wir wissen, Baum des Jahres 2006 und eine akut vom Aussterben bedrohte Rote-Liste-Baumart, von denen nur noch wenige lebende Exemplare in Deutschland existieren.

Pure Freude kommt indes wieder auf, wenn wir die Allee bis zum Ende weiterlaufen. Es wird einem warm ums Herz, wenn man die prächtigen Rosskastanien sieht, die nur unweit vom Elbufer stehen. Der »Bauchumfang« der beiden stärksten Exemplare misst weit über 4 m! Von hier aus haben wir auch einen fantastischen Ausblick auf die weite Flusslandschaft der Elbe mit ihren Auwiesen, die sich nördlich bis nach Torgau hinziehen. Manchmal verschwindet aber alles unter den Fluten des Elbehochwassers. So geschehen Ende März/Anfang April 2006. Im stärksten Frühjahrshochwasser seit 83 Jahren erreichte die Scheitelwelle am 5. April 2006 die Allee. Der in Torgau gemessene Pegel hatte mit 8,04 m (Normalpegel ca. 2 m) seinen Höchststand erreicht; die Fluten setzten die Allee stellenweise 2–3 m unter Wasser. 3 Tage zuvor entstand die Aufnahme oben, die ein seltenes Fotodokument dieses Bildbandes ist.

Standort:

Graditzer Dorfstraße in Richtung Pülswerda

Süße Früchtchen von der Dübener Heide

Kirsch-Allee bei Roitzsch

Kreis Torgau-Oschatz
Art: Vogelkirsche
(*Prunus avium*)
Alter: 70–90 Jahre

36

Die Dübener Heide ist eine der landschaftlich reizvollsten Regionen Mitteldeutschlands. Alte Buchenwälder, natürlich mäandernde Bäche und stimmungsvolle Moore prägen das Bild dieser Landschaft, die schon von Kurfürst August von Sachsen (regierte 1553–1586) als Jagdrevier genutzt wurde. Wer eine Allee finden will, muss allerdings etwas auf Entdeckungsreise gehen. Doch man wird fündig. Eine selten gewordene Alleen-Variante steht südlich des 437-Seelen-Ortes Roitzsch in der freien Feldflur: eine Süßkirschen-Allee.

Wer Roitzsch in südliche Richtung durchquert, den 80 m hohen Funkturm rechts liegen oder in diesem Falle besser gesagt stehen lässt und weiter auf dem Torgischen Weg bergab entlangfährt oder -wandert, wird sie bald finden – die Süßkirsch-Allee mit 95 zumeist alten, 7 m hohen Exemplaren, auf 1 km verteilt.

Die ältesten Bäume mögen vielleicht schon an ihre Altergrenze von 80 oder 90 Jahren herangekommen sein. Einer bringt es immerhin auf beachtliche 2,3 m »Brustumfang« und 9 m Höhe. Er steht ziemlich am südlichen Ende der Allee und freut sich bestimmt, wenn mal jemand bei ihm vorbeischaut. Die kleinen, gefiederten Gäste tun das immer wieder gerne, denn die Allee ist als Nahrungsquelle für Stare, Amseln und viele weitere Vogelarten von großem Wert. Das sollten wir Zweibeiner bedenken, falls es uns zur Kirscherntezeit in diese Allee zieht. Wir können uns zu jeder Zeit Obst im Supermarkt kaufen, unsere gefiederten Freunde nicht! Im Frühjahr sind die Bäume natürlich auch eine Oase für die Bienen. Der ökologische Wert, den eine alte Kirsch-Allee in der freien Feldflur darstellt, ist also enorm, und man sollte alles tun, sie zu erhalten.

Doch das ist genau das Problem, mit dem die Roitzscher Kirsch-Allee erheblich zu kämpfen hat: Die Lücken sind zum Teil schon sehr groß, manchmal ist sie sogar schon einreihig. Der Anblick muss jeden Alleenfreund traurig stimmen. Dabei wäre es mit relativ geringem Aufwand möglich, diese Allee mit Nachpflanzungen junger Kirschbäume buchstäblich vor dem Aussterben zu bewahren. Schließlich hätten alle »Parteien« ihren Vorteil davon, Tiere und Menschen. Schön wäre auch, den nächsten Pflegeschnitt der

Bäume von Fachleuten durchführen zu lassen. Mehrere Bewohner von Roitzsch brachten nämlich ihren Unmut darüber zum Ausdruck, dass die Bäume vor etwa 3–4 Jahren von ABMlern buchstäblich verschnitten wurden, was man den Bäumen heute noch ansieht.

Es gibt von der Kirsch-Allee aber auch Geschichten zum Schmunzeln. Ende der 80er-Jahre wollte einer der Pächter der vielen Kirschbäume seine Ernte einfahren. Er staunte nicht schlecht, als er vor Ort schon einige »Erntehelfer« auf seinen Bäumen sitzen sah. Es waren – damals noch sowjetische – Soldaten, die sich seine Kirschen schmecken ließen. Der »richtige« Besitzer hatte allerdings vor diesen unerwarteten Besuchern so großen Respekt, dass er es für ratsamer hielt, schweigend das Feld wieder zu räumen.

Sehr interessant ist auch die Landschaft, die an das südliche Ende der Allee angrenzt: zum Teil recht naturnahe, von Feuchtbiotopen durchzogene Buchenmischwälder und Moore mit einer faszinierenden Flora und Fauna. Das uralte Waldgebiet wurde schon zu Zeiten des Kurfürsten August von Sachsen als Jagdrevier genutzt. Aus dieser Zeit stammt auch ein Jagdhaus, das inmitten der Wälder steht.

Standort:

Westlich von Roitzsch, am Torgischen Weg

70

Pech für die alten Glücksbäume

Birken-Allee bei Bad Düben

Kreis Delitzsch
Art: Hängebirke (*Betula pendula*) 37
Alter: 70–80 Jahre

Bad Düben liegt fast im äußersten Nordwesten von Sachsen inmitten einer eiszeitlich geprägten Moränenlandschaft am westlichen Rand der Dübener Heide. Die Stadt slawischen Ursprungs ist mittlerweile über 1000 Jahre alt. Ihre am Ufer der Mulde gelegene Burg, deren ältestes Gebäude aus dem Jahr 1206 stammt, atmet noch immer den Charme des Mittelalters. Und wer die Stadt in Richtung Gräfenhainichen verlässt, wird unserer Alleen-Rarität begegnen.

Die Birken stehen auf 1,5 km Länge mit ihrer wunderbar schlanken und unverwechselbaren Gestalt zu beiden Seiten der B 107, die vermutlich seit Jahrhunderten existiert und eine alte Handelstraße nach Dessau war.

Als ich am 3. November 2004 die Daten für dieses Porträt aufnahm und einige Bilder schoss, wusste ich noch nicht, wie wichtig dies sein sollte. Fast auf den Tag genau ein Jahr später fuhr ich wieder durch diese Allee, doch ich traute meinen Augen nicht: ein großer Teil des südlichsten Abschnitts der Allee war einem aus meiner Sicht völlig sinnlosen Verkehrsprojekt geopfert worden. 13 der schönen Bäume waren nicht mehr da.

Anlass die 113 noch stehenden Birken besonders zu wertschätzen. Birken gelten ja eigentlich als Glücksbäume, aber offensichtlich weniger für sich selber, als für uns Menschen. Die Skandinavier sehen in der Birke das Symbol des erwachenden Frühlings und des neuen Lebens und richten sogar ihren Aussaattermin für den Sommerweizen nach dem Blattaustrieb der Birken. Neben dem Holunder ist die Birke nämlich der Baum, der im Frühjahr zuerst seine Blätter sprießen lässt. Aber auch in den übrigen Jahreszeiten ist diese Birken-Allee hübsch anzuschauen: im Herbst, wenn ihre goldgelben Blätter in der Sonne leuchten oder durch den Morgennebel schimmern, oder im Winter, wenn die einzigartige Gestalt der Birken sichtbar wird und man besonders gut verstehen kann, warum diese Bäume Hängebirken heißen. Für Insekten scheinen sie übrigens von außerordentlich großer Bedeutung zu sein; in Russland wurden über 570 Insektenarten auf der Birke gezählt.

Einige Birken dürften schon gut zwei Drittel ihres Lebens hinter sich gebracht haben und sind vielleicht 70 oder 80 Jahre alt. Nach 120 Jahren muss leider auch die prächtigste Birke damit rechnen, dass ihr letzter Frühling kommt. In den heutigen Alleen ist die Lebenserwartung aus den hinlänglich bekannten Gründen ohnehin geringer. Dennoch bringen es in der Bad Dübener Birken-Allee die stärksten Exemplare auf 1,70 m Stammumfang. Für einen Baum, der für seine Schlankheit berühmt ist, ist das schon recht beträchtlich.

Geben wir also der Birken-Allee alle guten Wünsche mit auf ihrem weiteren Weg, und möge sie noch oft einen neuen Frühling erleben, auf den wir uns ja auch alle immer wieder so freuen.

Standort:

Hinter Ortsausgang Bad Düben in Richtung Dessau, an der B 107

Ein Menü aus Birnen, Äpfeln und Wildgemüse

Birnen-Apfel-Allee bei Bucha

Saale-Holzland-Kreis
Arten: Kulturapfel (*Malus domestica*), Kulturbirne (*Pyrus communis*)
Alter: Etwa 50 Jahre

38

Nur wenige Kilometer südwestlich von Jena liegt das kleine Dorf Bucha. Wie überall in der Region ist auch dieser Landstrich geprägt vom Ackerbau. Im Süden, von Bucha belebt eine kleine, aber feine Obst-Allee die Landschaft. Und im Frühsommer bilden diverse Ackerwildkräuter eine optisch interessante Kulisse.

Am auffälligsten sind der opulent gelb blühende Wildkohl und die weiß blühende Wilde Möhre, wilde Urformen von heute hoch kultivierten Gemüsepflanzen. Sie verstehen sich offensichtlich recht gut mit ihren »holzigen« Vettern, deren Früchte »oberirdisch« gedeihen.

Mit durchschnittlich 70–80 cm Stammumfang dürften die Obstbäume etwa 50 Jahre alt sein. Viele Exemplare sind aber wesentlich jünger. Einer der ältesten Apfelbäume bringt es immerhin auf 1,21 m. Aber auch hier ist das natürliche Ende noch nicht absehbar, wenngleich Obstbäume natürlich nicht annähernd das Alter von anderen Allee-Laubbäumen erreichen. Hier stehen die Chancen für ein hohes Alter jedenfalls gut. Der Feldrain ist zwar schmal, aber zum Leben genügt der Platz, da die Kronen der nachgepflanzten Bäume noch sehr klein sind. Zudem wird die Straße kaum genutzt.

Dass Birnbäume älter werden als Apfelbäume stimmt nicht immer, aber meistens. Eine höchst sonderbare Ausnahme kann man unweit des mecklenburgischen Ortes Stubbendorf bestaunen. Wenige Schritte neben einem jetzt geteerten Feldweg steht in unmittelbarer Nachbarschaft einer Eiche ein äußerst faszinierender Apfelbaumveteran mit 4,67 m Stammumfang. Sein »sagenumwobenes« Alter wird auf 350–400 Jahre geschätzt, obwohl Apfelbäume im Normalfall nicht einmal die Hälfte dieses Alters erreichen. Es ist das grandioseste Exemplar, das ich je in meinem Leben sah, und mit großer Sicherheit einer der ältesten Wildapfelbäume Deutschlands. Von diesem Alter werden sowohl die Apfel- als auch die Birnbäume der Buchaer Allee wohl nur träumen können.

Standort:
Südlich von Bucha

Pflaumenbäume an einer uralten Straße

Pflaumen-Allee zwischen Tröchtelborn und Friemar

Kreis Gotha
Art: Pflaume (*Prunus domestica*)
Alter: 50–60 Jahre

39

Der Landstrich unmittelbar nordöstlich von Gotha hat landschaftlich nicht unbedingt Überragendes zu bieten, dafür aber eine bemerkenswerte Pflaumen-Allee, die an einer uralten Verbindungsstraße zwischen den thüringischen Dörfern Tröchtelborn und Friemar liegt. Diese beiden sind also über ein grünes Alleenband miteinander verbunden. Tröchtelborn, östlich der Allee gelegen, ist übrigens fast aufs Jahr genau 500 Jahre älter als Friemar.

Wenn die Jahreszahl stimmt, wurde Tröchtelborn im Jahr 375 erstmals urkundlich erwähnt, 499 Jahre früher als das benachbarte Friemar. Doch Skepsis ist angebracht, denn es existiert für Tröchtelborn auch noch die Jahreszahl 531 als Ersterwähnung. Diese Verwirrung ist zwar bedauerlich aber dennoch nicht ungewöhnlich. Wie thüringische Chronisten berichten, gab es schon im Mittelalter »eine Art Urkundenfälschung«. Doch selbst wenn die Gründung von Tröchtelborn ins Jahr 531 fällt, ist dies für ein kleines Dorf in Mitteldeutschland immer noch sehr bemerkenswert. Vielleicht gab es zu dieser Zeit schon einen kleinen Trampelpfad in südwestliche Richtung, an dessen Ende dann etwa 340 Jahre später das Dorf Friemar entstand. Dann wäre die Straße, an der unsere Pflaumen-Allee liegt, über 1100 Jahre alt. Sicher war auch die Landschaft entlang der etwa 2 km langen Alleestraße im frühen Mittelalter eine völlig andere. Die heutigen Agrarflächen zu beiden Seiten der Allee waren damals vermutlich noch Urwald, der im Laufe der Jahrhunderte gerodet und bestellt wurde.

Das Bild oben zeigt die Pflaumen-Allee zwischen wilder Mohnblumenpracht.

Die Pflaumen-Allee, wie sie sich uns heute zeigt, ist von beachtlicher Vitalität. Ein Exemplar bringt es sogar auf beachtliche 1,48 m Stammumfang! Durchschnittlich sind die 40–50 Jahre alten Bäume etwa 6–7 m hoch und strotzen nur so vor Lebenskraft. Das ist bei der inzwischen üblichen intensiven Landbewirtschaftung absolut nicht die Regel, denn die diversen Chemieattacken bleiben auch den Pflaumenbäumen nicht erspart. Schließlich stehen sie ja direkt am Ackerrand. Interessant ist natürlich bei dieser Allee auch die Frage, welche Pflaumensorte hier zum Einsatz kam. Die »Urpflaume«, die aus Kleinasien stammt und eine Kreuzung zwischen Schlehe und Kirschpflaume ist, brachten die Römer bereits 150 v. Chr. nach Italien. Von dort aus verbreitete sich der Baum in ganz Europa. Heute kennt man über 2000 Sorten. Aber vor etwa 55 Jahren, zur Pflanzzeit der Allee, waren nur wenige Sorten bekannt. Neben 'Anna Spät' und der 'Nancy-Mirabelle' gab es auch die Sorte 'Wangenheim'. Die Chance, dass es sich hier letztgenannte Sorte handelt, scheint mir recht groß, waren die »von Wangenheim« doch ein angesehenes Adelsgeschlecht, das vom Mittelalter an in dieser Region lebte.

Standort:

L 1043 zwischen Tröchtelborn und Friemar

Eine Linden-Allee im Herzen Deutschlands

Linden-Allee zwischen Görmar und Grabe

Unstrut-Hainich-Kreis
Art: Linde (*Tilia*)
Alter: 100–120 Jahre

40

Nur etwa 7 km Luftlinie vom geografischen Mittelpunkt Deutschlands entfernt, mündet die Linden-Allee zwischen Görmar und Grabe in die thüringische Stadt Mühlhausen, die im Jahr 967 erstmals urkundlich in Erscheinung tritt. Im Mittelalter Sitz von Königen und Kaisern, ist sie die »mittigste« Stadt der Bundesrepublik – von wo auch immer Sie in die Stadt reisen, es sind Luftlinie nie mehr als 450 km.

Und so können wir nun ohne Übertreibung behaupten, dass diese Linden-Allee zwar nicht der Nabel der Welt, aber immerhin fast der von Deutschland ist.

Die stattliche Allee zieht sich von Görmar, einem Ortsteil Mühlhausens, über 2,8 km weit Richtung Osten bis nach Grabe. Die Linden mögen gut 100 Jahre alt sein; sie stehen in 10 m Abstand in schönen, dichten Reihen, durchsetzt von einigen jungen Ebereschen, die man bereits nachgepflanzt hat. Vielleicht haben die Linden sogar schon das erste Auto, das in Mühlhausen fuhr, durch ihre Reihen tuckern hören. Es gehörte dem Sanitätsrat Dr. Hans Simon Boeckmann (1851–1922), der von 1899 bis 1917 als Chefarzt im Städtischen Krankenhaus arbeitete. Vermutlich war die B 249 vor über 1000 Jahren eine mittelalterliche Handelsstraße nach Sondershausen. Auch damals waren viele Menschen unterwegs. Aber wer kennt heute noch Lohgerber, Sensenschmiede, Seiler, Beutler, Mangler, Tuchscherer oder Kannengießer?

Sicher hätten sich die Linden dieser Allee vor 1000 Jahren wohler gefühlt. – Zumindest würden sie nicht die Tausalzschäden aufweisen, die man inzwischen schon sehr deutlich sehen kann. Doch weder wir noch die Linden können die Zeit zurückdrehen.

Standort:

B 249 zwischen Görmar uns Grabe

Oh schöner Augenblick, verweile ...

Mehlbeer-Allee bei Kefferhausen

Kreis Eichsfeld
Art: Schwedische Mehlbeere
(*Sorbus intermedia*)
Alter: 96 Jahre (2006)

41

... hätte womöglich unser Dichterfürst Goethe ausgerufen, wäre er zu seinen Lebzeiten durch diese grandiose Allee gekommen. Doch kein Poet kann beschreiben, was man empfindet, wenn man die Kefferhausener Mehlbeeren-Allee im Nordwesten Thüringens durchwandert. Liebe Alleenfreunde, ich lade Sie herzlich ein auf eine kurze visuelle Reise durch die wohl schönste Allee Deutschlands die, wie wir noch erfahren werden, auch so manches Geheimnis birgt ...

Ja, man kann sein Herz an dieses Alleen-Kleinod verlieren. Von den weit über 100 Alleen, die ich in den letzten beiden Jahren deutschlandweit besucht und zum Teil für diesen Bildband porträtiert habe, kann es keine mit dieser Kostbarkeit aufnehmen, die zurecht auch die Titelseite ziert. Kaum eine andere Allee kann einen Liebhaber so in ihren Bann ziehen – wohl auch deswegen, weil sich in dieser Allee in beinahe vollkommener Weise Schönheit, Seltenheit und Alter vereinen.

Zunächst sollten wir den würdigen, dem wir diese wundervolle Allee zu verdanken haben: Karl Seiler. Der große Alleenfreund – er war vom 1906 bis zu seinem Todestag im Juni 1920 Oberförster im Forstamt Ershausen – hat insgesamt 3 Alleen in der Region anpflanzen lassen. Die unbestritten schönste ist die Kefferhausener Allee, die 1910 angelegt wurde. Hier haben wir also zudem den äußerst seltenen Fall, dass das Pflanzjahr der Allee dokumentiert wurde.

Das Außergewöhnliche an der Kefferhausener Mehlbeer-Allee beginnt schon mit ihrer außerordentlich schönen Lage inmitten des Obereichsfelder Höhenplateaus. Der Ort selbst liegt 3 km östlich der Allee in einer Mulde des oberen Unstruttals, dort, wo die Unstrut entspringt. Ihre Quelle, die zu Taufritualen genutzt wurde, fand 531 erstmals urkundliche Erwähnung.

Ein besonderer Wert dieser Allee liegt auch in der Seltenheit der hier verwendeten Baumart – der Schwedischen Mehlbeere. Sie ist die in Skandinavien beheimatete natürlich entstandene Kreuzung aus Vogel- und Mehlbeere, deren Früchte bei Wacholderdrosseln und anderen Singvögeln sehr begehrt sind.

Wer in den vollen Genuss der Kefferhausener Allee kommen möchte, sollte sie von West nach Ost durchqueren. Sie beginnt östlich der alten Heuthener Landstraße und folgt mäandernd dem 1933 neu gepflasterten Teufelsweg über fast 1 km Länge talwärts in Richtung des namengebenden Dorfes aus dem 12. Jahrhundert. Die alten, 8 m hohen Mehlbeerbäume wirken wie geheimnisvolle Geschöpfe aus einer anderen Welt, die ihre riesigen Hände gen Himmel strecken. Die in 2,5 m Höhe ungewöhnlich tief angesetzten 11 m breiten Kronen unterstreichen diesen Eindruck sehr eindrucksvoll. Da die Bäume in nur 6,5 m Breite und mit 10–11 m Pflanzabstand in den kalkigen Boden gebracht wurden, entwickelte sich über die Jahrzehnte eine grandiose kathedralenartige Wölbung über der Straße. Taucht dann noch das rote Licht der untergehenden Sonne Stämme und Astwerk in mystisches Licht, vergisst man die Welt um sich herum. Wer sich im Frühjahr oder Sommer mal die Zeit nimmt, dort zu verweilen, gemütlich an einen Stamm gelehnt und umgeben von Vogelgesang und der Vielfalt an Blumen, wird dieses Naturerlebnis nie vergessen.

Den höchstmöglichen Genuss hat man natürlich im Frühjahr zur Hochblüte – falls man das Glück hat, die Allee blühend zu erleben. Das jedoch kann zu einer echten Herausforderung werden. Mein persönliches »Blüherlebnis« zeugt davon; es ist eine Geschichte für sich, und zwar eine ziemlich mysteriöse.

Hier die Kurzform: Als ich am 10. Juni 2004 die Allee das erste Mal besuchte, war ich zunächst etwas enttäuscht. Die Hochblüte war gerade vorüber; ich hatte sie um wenige Tage verfehlt. »Das darfst du im kommenden Jahr auf keinen Fall wieder verpassen«, dachte ich mir. Gedacht, getan. Diesmal wollte ich alles richtig machen und fuhr bereits etwa 2 Wochen früher als im Vorjahr zur vermeintlich blühenden Allee. In einer Mischung aus Erstaunen und Entsetzen musste ich Ende Mai 2005 jedoch zur Kenntnis nehmen, dass die Bäume lediglich ihr frisches Laub trugen und noch nicht einmal der Ansatz einer Blüte zu erkennen war. So war ich also nun bereits ein zweites Mal umsonst gefahren. Aber außergewöhnliche Fotomotive erfordern nun mal außergewöhnliche Einsätze. So beschloss ich kurzerhand, noch ein drittes Mal zu dieser Allee zurückzukehren. Mir blieb ja schließlich noch die Chance, einfach abzuwarten, bis die Bäume zu blühen anfingen. Dazu »heuerte« ich zwei liebenswerte Alleenfreunde an, die in dieser Region leben und mich ständig auf dem Laufenden hielten. Um es kurz zu machen: Auch in den folgenden 4 Wochen blühten die Mehlbeer-Bäume nicht. Dieses sonderbare Phänomen musste ich noch einmal mit eigenen Augen sehen und erleben, um es glauben und begreifen zu können. Doch wie kann es möglich sein, dass eine über 800 m lange Allee aus 98 Bäumen in »kollektiver Gemeinschaft« für sich entscheidet, nicht blühen zu wollen, obwohl das in den restlichen 96 Jahren ihres Daseins stets der Fall war? Trotz härtester Winter und heißester Sommer, die es über diesen gesamten Zeitraum ja auch gab und die folglich kaum der Grund für die »Blühlosigkeit« sein können. Auch Forstexperten stehen hier vor einem Rätsel. Selbst der Orts-Chronist Andreas Wiedeholt, einer der

ältesten Einwohner von Kefferhausen, kann sich nicht entsinnen, dass die Allee einmal nicht geblüht hätte. Schon zu seiner Kinderzeit hatte er die Allee durchwandert, die damals noch nicht mal voll über der Straße geschlossen war. Nun wird es wohl ein Geheimnis bleiben, warum die Mehlbeerbäume in ihrem 95. Lebensjahr nicht blühten. So können sogar Alleen zu einem Mysterium werden.

Man kann nur gespannt sein, welchen Verlauf das Schicksal dieser herrlichen Allee weiter nehmen wird. Werden wir hier gar Zeuge eines Abschiednehmens? Immerhin haben die Schwedischen Mehlbeeren langsam ihre Altersgrenze erreicht, die bei etwa 100 Jahren liegt. Und das ausbleibende Fruktifizieren könnte nach Meinung einiger Experten Hinweis auf das nahende Ende sein. Sollten die Bäume auch in diesem Frühjahr (2006) nicht blühen, werden wir Alleenfreunde uns wohl damit abfinden müssen. Leider kann ich diese brennende Frage in diesem Buch nicht mehr beantworten, da der Drucktermin naht.

Es gäbe noch viel mehr über diese Allee zu erzählen. Zum Beispiel über das sagenumwobene Dorf Werdigeshausen, das im 13. Jahrhundert entstanden und gegen Ende des 15. Jahrhundert aus bis heute ungeklärten Gründen wieder von der Landkarte verschwand. Die heutige Wüstung lag nördlich der Allee und grenzte von Süden her sogar bis an die heutige Allee an. Es würde jedoch den Rahmen des Buches sprengen, hier darüber detailliert zu berichten. Die Kefferhausener Allee, zu der ich mittlerweile eine Art Seelenverwandtschaft verspüre, wäre es jedoch wert und Anlass genug, darüber nachzudenken, ein gesondertes Werk über sie und weitere Alleenlegenden herauszugeben. Es wäre wohl zu schön, wenn dann die Überschrift für eine der Geschichten lauten würde: Ja, sie blüht wieder!

Standort:

Entlang des »Teufelsweges«, 3 km westlich von Kefferhausen

Von der Altmark zum Münsterland

Unter Brachvögeln, Oberförstern und Tierfilmern

Eichen-Allee bei Karstedt

Kreis Salzwedel
Art: Stieleiche (*Quercus robur*)
Alter: Etwa 180 Jahre

42

Die Vogelfreunde unter den Alleenliebhabern werden glänzende Augen bekommen, wenn sie die Liste der Vogelarten sehen, die im Umfeld der Allee leben oder während des Vogelzuges hier Rast machen. Das Gebiet liegt im Herzen der Altmark und zählt zu dem EU-Vogelschutzgebiet Milde-Niederung, einem wertvollen Feuchtbiotop, in dem bislang 75 Vogelarten nachgewiesen wurden. Doch das Gebiet ist nicht nur der gefiederten Gäste wegen interessant, sondern letztlich auch wegen der alten Eichen-Allee, die inmitten des Vogel-Refugiums steht.

Schon Theodor Fontane schwärmte von dieser dünn besiedelten Landschaft im Norden Sachsen-Anhalts, die von Feuchtwiesen, Bachtälern und Auwäldern geprägt ist. Wer eine alte Allee finden will, muss aber schon einiges an Zeit und Entdeckergeist mitbringen – oder einen Führer haben, der sich in dem Gebiet bestens auskennt und beinahe mit jedem Baum »per Du« ist. Günter Stachowiak ist so einer. Der 71-jährige Oberförster i.R. war in seinem Berufsleben als Forstexperte und Naturschutzbeirat tätig. Er kennt die Milde-Niederung wie kaum ein

Seite 102/103: So schnell können Bilder, wie dieses vom Juli 2005, historisch werden. Einige der alten Eichen am Gut Holzhausen stehen heute schon nicht mehr.

Links: Günter Stachowiak in der Karstedter Eichen-Allee.

Zweiter. »Im Jahr 2004 hatte in der Allee sogar mal ein Rotmilan gebrütet«, schwärmt er, als wir mitten zwischen den 23 m hohen Eichenhünen stehen. Die stärksten Bäume haben über 1 m Stamm- und 15 m Kronendurchmesser. Durchmesser wohlgemerkt, nicht Umfang! Dann, nach 500 m, ist die Allee plötzlich zu Ende, genau dort, wo die Obermilde im Osten an die Eichen-Allee angrenzt. Hier hat sich auch eine alte Schwarzerle unter die Eichbäume »gemogelt« und bringt etwas Abwechslung ins Spiel.

Die heute 180-jährige Allee war einst ein alter Handelsweg, der von Karstedt nach Bismark führte, heute als solcher aber natürlich keine Bedeutung mehr hat. Umso bedeutsamer sind die großflächigen Feuchtwiesen, die praktisch in allen 4 Himmelsrichtungen an die Allee angrenzen, für die hiesige Vogelwelt. Und das sowohl als Brut- als auch als Rastgebiet. Allein im Februar 2006 zogen hier 5000 Wildgänse durch. Die Zahl der rastenden Kraniche liegt ebenfalls bei etwa 5000. Zu den besonderen ornithologischen Attraktionen, die zum Frühjahrs- und Herbstzug zu beobachten sind, gehören ferner Zwerg- und Singschwäne, Silberreiher und sogar Goldregenpfeifer. Wen wundert es da, dass dieses Gebiet nicht nur Vogelfreunde magisch anzieht, sondern gelegentlich auch Tierfilmer und -fotografen, die auf der Jagd nach den besten Motiven sind. Ein renommierter ist Wolfram Taubert aus Berlin, der die Altmark seine »alte Heimat« nennt und den es immer wieder in diese wunderbare Landschaft zieht. Der 66-Jährige arbeitet vornehmlich für die ARD und drehte u.a. mehrere Naturfilme für die bekannte ARD-Serie »Wunder der Erde«. Ebenfalls in dieser Region entstanden seine Tierfilme »Der Vogel Greif« und »Das Flötenlied im Luch«, bei dem der Große Brachvogel die Hauptrolle spielt. Ich hatte das große Glück, im Mai 2002 mit ihm gemeinsam in diesem Gebiet Aufnahmen vom Großen Brachvogel machen zu können. Der größte Watvogel ist eine wahre Kostbarkeit der heimischen Vogelwelt. Er hat hier mit durchschnittlich 7 Brutpaaren eines seiner bedeutendsten Verbreitungsgebiete in Mitteldeutschland.

Standort:

Freistehend in der Landschaft, an der Gemarkungsgrenze von Karstedt nach Poritz

Ein Minister, der die Alleen liebte

Eichen-Ahorn-Allee an der Hinnenburg

43

Kreis Höxter
Arten: Stieleiche (*Quercus robur*), Spitzahorn (*Acer platanoides*)
Alter: Etwa 270 Jahre (Eichen), etwa 90 Jahre (Ahorne)

Hermann Werner Freiherr von der Asseburg (1702–1778) galt als umsichtiger und gewandter Staatsmann. Er war Botschafter und erster Minister von Clemens August Kurfürst von Köln und unterhielt nicht nur Kontakte zum deutschen Hochadel, sondern auch zum englischen König. Einen Teil seines Lebens verbrachte er auf der Hinnenburg, nahe Brakel, ganz im Osten des heutigen Nordrhein-Westfalen. Schon zu Lebzeiten hat er sich selbst ein Denkmal gesetzt, ein Alleen-Denkmal.

Hermann Werner Freiherrr von der Asseburg.

Die Eichen-Ahorn-Allee fällt heute noch ins Auge, wenn man die B 252 westlich von Brakel passiert und auf Höhe des heutigen Gutes »Schäferhof« einen kurzen Blick nach »links unten« wirft. Auf etwa halber Höhe der Allee, dort, wo die Straße zum Schäferhof abbiegt, steht ein Wegweiser »Hinnenburg 700 m«. Die Allee, die östlich in Richtung Hinnenburg führt, begleitet aber nur einen Teil dieser Strecke. Ganz im Westen beginnt sie mit 41 Stieleichen, die zwischen 3,3 und 4,3 m stark und gut 18 m hoch sind. Diese stammen vom Freiherren Hermann Werner höchstpersönlich und wurden zwischen 1736 und 1740 gepflanzt; Sie sind also

heute etwa 270 Jahre alt, für eine »westdeutsche« Straßenallee durchaus bemerkenswert. Die dann folgenden 38 Spitzahorne bringen es wahrscheinlich nicht einmal auf ein Drittel dieses Alters. Übrigens steht eine weitere wertvolle, 800 m lange Allee aus Rosskastanien, Rotbuchen und Eschen östlich der Hinnenburg auf dem ehemaligen Kutschweg Richtung Schneekapelle. Sie wurde 1820 angelegt.

Trotz zahlreicher teurer Reisen, die den Minister meist mehrere tausend Taler kosteten, hatte er seine Finanzen gut im Griff. Er investierte sein Geld nicht nur in Alleen-Eichen, sondern konnte auch noch einen Teil der beträchtlichen väterlichen Schulden (über 86000 Taler) tilgen. Erwähnung verdient auch seine finanzielle Beteiligung an einem Neubau des Augustinerinnenklosters 1774 im benachbarten Brakel. Neben der alten Eichen-Allee setzte er sich – 4 Jahre vor seinem Tod – damit noch ein weiteres bleibendes Denkmal.

Standort:

Straße zur Hinnenburg, nordwestlich von Brakel

Geheimnisvolle Eichenhünen aus alter Zeit

Eichen-Allee am Gut Holzhausen

44

Kreis Höxter
Art: Stieleiche (*Quercus robur*)
Alter: 450–550 Jahre

Wer die Eichen-Allee von Gut Holzhausen das erste Mal sieht, durchwandert oder in welcher Weise auch immer erlebt, möchte sich wirklich kneifen, ob er das alles nicht doch nur träumt. Man glaubt, sich plötzlich in einer völlig anderen Zeit wiederzufinden, denn hier steht auf 300 m noch ein Eichenriese neben dem anderen. So, als wäre das alles völlig normal. Ist es aber nicht. Die Allee von Holzhausen ist mit vermutlich 450–550 Jahren nämlich eine der ältesten Eichen-Alleen Deutschlands. Oder ist sie gar die älteste? Ganz sicher zählt sie jedoch zu den geheimnisvollsten.

Bei den Alleen Deutschlands kommt es nicht häufig vor, dass man nicht weiß, mit welchem Superlativ man beginnen soll. Doch hier ist es so. Und es macht Freude ohne Ende, in der heutigen Zeit noch über solche ehrfurchtgebietenden Alleen-Wunder berichten zu können.

Beginnen wir mit dem faszinierendsten: dem Alter der Allee, das in diesem Fall ebenso sagenhaft wie geheimnisumwittert ist. Gerade diese Allee ist nämlich ein Paradebeispiel dafür, wie schwierig die genaue Altersbestimmung sein kann, wenn das genaue Pflanzjahr nicht belegt ist. Doch lassen wir hier Experten zu Wort kommen: Erfahrene Förster erklären immer wieder, dass bei Stieleichen der Stammumfang in cm in etwa dem Lebensalter in Jahren entspricht. Nun hatte der stärkste Eichenhüne, der 1998 leider einging, stolze 6,61 m Umfang. Dies würde bedeuten, dass der Baumriese ein Alter jenseits von 600 Jahren erreichte, was bei diesem Exemplar jedoch durchaus realistisch erscheint. Nun haben wir allerdings das Problem, dass die erste Familie aus dem Adelsgeschlecht der von der Borch nachweislich erst 1483 nach Holzhausen kam und sich zudem noch an einem anderen Ort niederließ, als dort, wo das jetzige Gut Holzhausen mit dem klassizistischen Herrenhaus steht. Sonderbarerweise kommt aber gerade diese Jahreszahl dem vermutlichen Eichenalter am nächsten.

Nun meinten Fachleute, man könne zur Altersbestimmung mit einer (höchst umstrittenen) Kernbohrung an einem der Exemplare Licht ins Dunkel dieses Geheimnisses bringen. Doch das zweifelhafte Experiment brachte statt Erleuchtung nur Ernüchterung. Denn die 350 Jahresringe, die gezählt wurden, können niemals repräsentativ für die gesamte Allee sein, zumal in jeder Generation Bäume nachgepflanzt wurden. Man hatte wohl ohnehin nicht das stärkste Exemplar für die Bohrung ausgewählt.

Bleibt noch ein letzter Hinweis auf das Alter, der uns aber auch nicht viel weiter bringt. Das älteste Gebäude des Gutes Holzhausen ist ein Fachwerkbau aus dem Jahre 1572. Ob das letztlich eine Garantie für das Alter der Allee ist, weiß keiner, da sie ja schon durchaus vorher angelegt worden sein könnte. Lassen wir also einfach dieses Geheimnis so stehen und uns von dieser wundervollen Allee verzaubern, ganz gleich, ob sie nun vor 450 oder 550 Jahren oder vielleicht sogar noch früher entstand.

Jeder, der diese Allee besucht, sollte viel Zeit mitbringen, um die zum Teil efeuumrankten Baumgestalten auf sich wirken lassen zu können. Die mächtigsten Stieleichen haben Stammumfänge von staunenswerten 5,95 m, 5,86 m und 5,72 m und sind zwischen 25 und 30 m hoch! Alleenfreunden eröffnet sich hier eine wunderbare Welt, denn jeder einzelne dieser Bäume ist eine Persönlichkeit für sich. Und hier kann man das sogar wörtlich nehmen. Einige der Eichenriesen tragen nämlich tatsächlich »Köpfe« an ihren Stämmen. Einer wirkt derart realistisch, dass man geneigt ist, mit ihm reden zu wollen. Und was könnte uns so ein altehrwürdiger Geselle nicht alles erzählen! Vielleicht etwas aus seiner »Kindheit«, im 16. Jahrhundert, als Ritter hoch zu Ross an ihm vorbeigaloppierten oder die Kinder der Barone seinen Stamm umarmten und streichelten. Dann könnte man ihn fragen, was er wohl in seinem besten »Mannesalter«, im frühen 19. Jahrhundert so alles erlebt hat. Zum Beispiel, als napoleonische Soldaten das Gut besuchten und sich in seinen Schatten setzte, um Erholung zu finden. Oder ob er sich wohl gefürchtet hat, als in Frühjahr 1945 in den letzten Wochen des Zweiten Weltkrieges die Bomber dicht über seinen Kopf flogen und von ferne der dumpfe Widerhall der Explosionen durch seine Krone drang. Heute, am Anfang des 21. Jahrhunderts, ist er alt, und hier und da ist es auf seinem Haupt schon etwas lichter geworden. Aber für den, der ihn mit dem Herzen betrachtet, ist er schöner als je zuvor!

Den über 6,6 m dicken Patriarchen der Allee können wir leider nicht mehr befragen. Er stammt mit Sicherheit aus der Erstpflanzung und lässt erneut Spekulationen über das sagenumwobene Alter aufkommen. Er ist, wie bereits erwähnt, 1998 verstorben. Zeitzeugen berichteten mir, dass der »Todeskampf« dieses Methusalems lediglich 6 Wochen dauerte. Das ist für einen Menschen sehr lange, aber was bedeuten denn 6 Wochen für ein Gottesgeschöpf, das fast ein halbes Jahrtausend auf dieser Erde weilte und Geschichten erlebt hat, die kein Buch je fassen kann. Dennoch ist es sehr sonderbar, dass solch langlebige Lebewesen wie Eichen sich, wenn ihre Zeit gekommen ist, binnen weniger Wochen verabschieden. Man spricht dann von einem Bauminfarkt. Untersuchungen haben ergeben, dass die Kapillarsysteme – die Lebensadern des Baumes – bei alten Bäumen mehr und mehr verstopfen. Sind sie dann schließlich völlig verschlossen, stirbt der Baum in kürzester Zeit ab.

Leider zeigen die Bilder auch in diesem Fall schon nicht mehr den heutigen Zustand der Allee, denn im Herbst 2005 wurden – aus mir nicht nachvollziehbaren »Sicherheitsgründen« – einige der alten Bäume gefällt. Ich hätte nie geahnt, wie wichtig die Fotoaufnahmen vom Sommer sein werden, als noch alle Eichen standen. So bleiben uns nun wenigstens die Bilder als Erinnerung. Und das ist doch ein Grund zur Freude.

Standort:

Westlich des Gutes Holzhausen

Die »grünen Mönchsköpfe« von Wülfinghausen

Eschen-Allee am Kloster Wülfinghausen

Region Hannover
Art: Gewöhnliche Esche
(Fraxinus excelsior)
Alter: Etwa 130 – 160 Jahre

45

Keine 30 Autominuten südlich von Hannover finden wir heute noch ein wundervolles und einzigartiges Relikt alter Alleenkunst. Wer den alten Schulweg, westlich vom Kloster Wülfinghausen gelegen, entlangwandert, wird begeistert sein. 81 alte Eschen stehen dort inmitten üppiger Wildblumenpracht auf einige hundert Meter verteilt buchstäblich Kopf an Kopf.

Doch das Erscheinungsbild der Eschenallee war vor dem Januar 2004 noch ein völlig anderes. Die ehemaligen Kopfeschen hatten seit 20–30 Jahren keinen »Friseurbesuch« mehr. Das sollte sich im Januar 2004 ändern, als sich 25 Männer aus Wülfinghausen und zwei weiteren benachbarten Orten trafen, um die Eschen wieder in Form zu bringen, sprich, ihnen wieder eine neue »Frisur« zu verschaffen. Und man muss sagen: Das Ergebnis kann sich sehen lassen! Die baumstarken »Arme«, die bereits bis zu 20 m hoch in den Himmel ragten, wurden »amputiert«. Das bringt den Bäumen nun die Sicherheit, nicht mehr auseinanderbrechen zu können. Ganz nebenbei verleihen die nunmehr »echten« Kopfeschen mit ihren tiefen vollen Kronen der Allee wieder einen unvergleichlichen, nostalgischen Charme. Wer, wie ich, das große Glück hat, die Allee Mitte Mai zu entdecken und zu erleben, wird sie nicht wieder vergessen. Verstärkt wird der optische Eindruck, wenn man dieses Kleinod an einem erwachenden Morgen auf Seele, Geist und Leib wirken lässt, wenn die frischen grünen Fiederblätter im mystischen Licht der ersten zarten Sonnenstrahlen tanzen und von Minute zu Minute die »Köpfe« immer heller werden, bis sie voll erleuchtet sind.

Erfahrungsgemäß bleibt ja meist die Frage nach dem Pflanzer der Allee, trotz intensiver Recherche, unbeantwortet. Das ist nach meiner Erfahrung bei etwa 80 bis 90 % aller Alleen der Fall und auch bei dieser hier. Unsere Kopfeschen-Allee befindet sich also in guter Gesellschaft. Dennoch kann man aufgrund des Alters der Bäume – etwa 130 bis 160 Jahre – die Möglichkeiten ganz erheblich begrenzen. Von 1841 bis 1913 lebte der königliche Amtsrat und Rittergutsbesitzer Carl Wilhelm Heinrich Sohnemann in dem an das Kloster angrenzenden Gutsgebäude. Vielleicht hat er in jungen Jahren die Pflanzung veranlasst. Nach anderen Informationen soll die Allee sogar noch älter sein und aus der Vorgängerzeit der Sohnemanns stammen, etwa aus dem Anfang des 19. Jh.. Dann müssten die Eschen allerdings sehr langsam gewachsen sein. Auch in dieser Allee bleibt uns der Mythos also voll erhalten und wird bestärkt durch einige atemberaubende Einzelexemplare, wie z.B. »Nr. 10« (vom Kloster her gesehen) mit ihrem riesigen »Klumpfuß« von 3,89 m Umfang. Wer die Allee aufsucht, sollte unbedingt auch mal beim Kloster, das 1236 gegründet wurde und westlich der Allee liegt, vorbeischauen. Es ist allein schon einen Besuch wert. Seit knapp 10 Jahren erfüllen 7 Schwestern das Gotteshaus mit evangelischem Ordensleben. Das wunderbare ist: Sowohl das Kloster als auch die Allee sind Orte der Stille, an denen man zu Gott und zu sich selbst finden kann.

Standort:

Standort: Etwa 100 m westlich des Klosters Wülfinghausen

Die Wächter des Hirschparks

Linden-Allee im Hirschpark Blankenese

Kreis Hamburg
Art: Linde *(Tilia)*
Alter: 220 – 230 Jahre

46

Wer die alte Linden-Allee im Hirschpark des Hamburger Stadtteils Blankenese besuchen möchte, muss gut »klettern« können. Zumindest, wenn man von der Südseite her über die steile Treppe in den Park möchte. Der Park reicht nämlich im Süden bis an die Steiluferkante der Elbe heran. Unsere Linden-Allee liegt jedoch einige hundert Meter weiter nördlich, im gegenüberliegenden Teil des Parks.

Für viele Hamburger wird der Hirschpark dieselbe Bedeutung haben, wie für den Wanderer eine grüne Oase in der Wüste. Mal ein paar Hektar ohne Beton, Lärm und Staub. Ein schönes Fleckchen Erde voller grüner Bäume, prächtig blühender Sträucher, lustig singender Vögel und unbeschwert grasender Damhirsche und Wildkaninchen. Und zu alledem noch eine prächtige Linden-Allee, die wohl in Hamburg in Sachen Schönheit keine Konkurrenz zu fürchten braucht. Denn Hamburg ist zwar ganz ohne Zweifel voller Alleen, doch stehen diese über die ganze Stadt verteilt. Dort, wo sich die unermessliche Autoflut über die völlig versiegelten Straßen, Gassen und Wege ergießt und nie wirklich zur Ruhe kommt. Wie glücklich können da unsere 59 Allee-Linden vom Hirschpark sein, die auf über 200 m Länge einen sandigen, 7 m breiten Weg säumen. Man sieht ihnen aber an, dass sie sich außerordentlich wohl fühlen; ihre Höhe ist gewaltig. Fast alle Exemplare sind an die 30 m hoch und zwischen 2,5 und 3,5 m »stark«. Sie wirken wie riesige Wächter des Parks.

Das sonderbarste an dieser Allee ist, dass sie auf etwa halber Höhe plötzlich vierreihig wird. Wohl nur Berend Johann Rodde (1730–1786), wird wissen warum. Der wohlhabende Kaufmann ließ sie damals anlegen und schuf damit eine herrschaftliche Anfahrtsstraße zu seinem prächtigen Sommerwohnsitz. Da Rodde 1786 starb, muss also die Lindenallee mindestens 220 Jahre alt sein.

Noch im selben Jahr, am 30. Oktober, erwarb der bekannte Kaufmann Johann Cesar IV. Godeffroy (1742–1818) den Landsitz für 33 100 Taler. Durch ihn und seine Nachfolger Johann Cesar V. und VI. entstand der Hirschpark in seiner heutigen Gestalt. Letztgenannter hat dann Mitte des 19. Jahrdunderts auch den namensgebenden Hirsch(tier)park geschaffen, der unweit südlich der Allee liegt.

Die Allee hat also eine bewegte Geschichte hinter sich. Selbst Spuren des 2. Weltkriegs fand man in ihrem Umfeld. So entdeckte man deutsche und britische Münzen, ja sogar Nummernschilder der Wehrmacht. Die heutige, friedliche Zeit dürfte der Linden-Allee aber sicher besser gefallen, und die stapfenden Militärs sind durch leichtfüßige Jogger und noch leichtfüßigere Kaninchen abgelöst worden, die heute durch die Allee laufen.

Standort:

Im Norden des Hirschparks, gegenüber dem Hirschgehege

Seltene Mehlbeerbäume unter Sägeattacken

Mehlbeer-Allee am NSG Ochsenmoor

Kreis Osnabrück
Art: Schwedische Mehlbeere
(Sorbus intermedia)
Alter: 75 – 85 Jahre

47

Die Dümmer-Region nordöstlich von Osnabrück ist bekannt wegen ihrer wertvollen Feuchtbiotope, wie dem 12 km² großen Dümmer-See mit seinen vielen angrenzenden Moorgebieten und Feuchtwiesen inmitten des EU-Vogelschutzgebietes. Hier eine alte Allee mit Schwedischen Mehlbeeren zu entdecken, ist eine echte Überraschung.

Die meisten Naturfreunde werden diese Region sicher wegen der faszinierenden Moorlandschaften mit ihrer artenreichen Vogelwelt besuchen. Zu Recht. Seit der Renaturierung der Moore, die im Rahmen des LIFE-Natur-Projektes »Wiedervernässung der westlichen Dümmerniederung« zwischen 2002 und 2006 durchgeführt wurden, hat sich die Vogelartenvielfalt deutlich erhöht. Das über 1000 ha große Naturschutzgebiet (NSG) Ochsenmoor, das nur wenige hundert Meter nordöstlich der Mehlbeer-Allee liegt, ist dabei von besonders hohem ökologischen Wert. Überall sieht man nun wieder die feuchten Senken stehen, die früher mal trocken waren, und nun wieder ein Tummelplatz für die verschiedensten Enten-, Limikolen- und Wildgansarten sind. Der große Brachvogel und die Uferschnepfe stolzieren durch die Nasswiesen oder fliegen flötend über sie hinweg, dass einem das Herz aufgeht. Man muss sich die Augen reiben, sogar die prächtigste aller Limikolenarten ist hier zu finden: der Kampfläufer.

Die Mehlbeer-Allee bekommt freilich von all dem bunten Treiben wenig mit. In ihrem Umfeld grasen Kühe oder wird Ackerbau betrieben. Leider, so müssen wir wieder einmal feststellen. Es ist eine weitbekannte Tatsache, dass es heutzutage für eine Allee schon ein regelrechter Schicksalsschlag ist, an einer intensiv bewirtschafteten Ackerfläche zu stehen. Und das kann sogar schlimmer sein, als an einer vielbefahrenen Straße. Doch dieser Fall ist von wirklich beispielloser Rücksichtslosigkeit. Auf 600 m Länge sind an der Westseite im Frühjahr 2006 genau 55 alte Mehlbeerbäume derartig schlimm verstümmelt worden, dass einem Alleenfreund fast das Herz stehen bleibt. Viele der Äste hätten sicher gar nicht gestört, auch wenn die Technik noch so groß wäre, mit der man den Acker bearbeiten will. Es gleicht dem Amoklauf eines wütenden Bauern, denn viele der Äste sind nur bis zur Hälfte eingesägt, z. T. nur abgerissen. Es musste offensichtlich alles sehr schnell gehen. In den zwei Jahren, in denen ich für diesen Bildband deutschlandweit als »Alleen-Reporter« unterwegs war, habe ich so einen schrecklichen Frevel noch nicht gesehen. Doch der Schaden ist doppelt schlimm, weil Mehlbeer-Alleen nun mal zu den größten Alleenraritäten in Deutschland zählen. Der Naturschutzring Dümmer ist inzwischen informiert und wird alles weitere zu diesem Fall in die Wege leiten. Dem engagierten Naturschutz vornehmlich dieses Verbandes ist es wohl zu verdanken, dass sie überhaupt noch steht. Denn es gibt sogar Leute, die die Allee für »schlagreif« halten und sie gern fällen würden. Das muss ich wohl nicht weiter kommentieren.

Der bislang weitestgehend vom Menschen unbeeinflusste Teil der Allee ist aber noch sehr schön. Neben etwa je einem Dutzend Eichen und Weiden stehen auf 1,5 km Länge noch die stattliche Anzahl von 242 Mehlbeerbäumen. Sie mögen wohl in den 20er- oder 30er-Jahren des letzten Jahrhunderts gepflanzt worden sein. Dafür spricht die beachtliche Größe der Bäume von meist 8 m und um die 1,7 m Stammumfang. Trotz schwerster fotografischer Bedingungen, mit Regen und Sturm, was zu o. g. »Katastrophe« irgendwie passte, konnte ich jedoch glücklich resümieren, mal wieder eine Allee der Schwedischen Mehlbeere in vollendet schöner Blütenpracht erlebt zu haben.

Standort:

Im freien Feld, westlich vom Ochsenmoorweg und vom Naturschutzgebiet Ochsenmoor

Auf den Pfaden der alten Rittersleut'

Linden-Allee am Schloss Harkotten

Kreis Warendorf
Art: Linden (*Tilia*)
Alter: 256 Jahre (2006)

48

Ja, die alten Rittersleut'. Ohne sie wären heute weite westdeutsche Landstriche wohl noch alleenärmer. Schließlich waren ihre adligen Nachfahren doch meist sehr große Alleenliebhaber. Alexander Anton Freiherr von Ketteler etwa machte sich als solcher einen Namen. An der Südseite des heutigen Schlosses Harkotten von Ketteler, im Ostmünsterland, ließ er im Jahr 1750 eine Linden-Allee anlegen, die heute prächtiger ist denn je.

Doch werfen wir zunächst noch einen kurzen Blick in die interessante Vergangenheit der Schlossanlage, die zu Recht als einmalig gilt. Auf dem heutigen Areal der Anlage stand im frühen 14. Jahrhundert, noch eine von Ritter Heinrich II. von Korff errichtete Wasserburg. Sie hat im Laufe der Jahrhunderte freilich mannigfaltige Veränderungen erfahren, und bis auf wenige Mauerreste ist nichts von der mittelalterlichen Burg erhalten geblieben. An ihrer Stelle steht heute das Doppelschloss mit den Schlössern »Harkotten von Korff« im Westen und »Harkotten von Ketteler« im Osten der Anlage. Letzterem gilt unsere besondere Aufmerksamkeit, denn dort befindet sich die heute 256-jährige Linden-Allee.

Die 66 Linden bestechen durch ihre gewaltige Höhe von zum Teil 27 m und sind über dem etwa 15 m breiten Weg fast voll geschlossen. Für ihr hohes Alter sind sie noch sehr vital und haben meist Stammumfänge zwischen 2,5 und 3 m. Weiterhin weist diese Allee gleich mehrere Besonderheiten auf, die man in anderen Alleen heute kaum noch findet. So werden die für Linden arttypischen, mitunter massenhaften Wassertriebe nicht entfernt, sondern man belässt sie naturgegeben an der Stelle, wo sie hingehören, am Fuße des Stammes. Als gärtnerisches Gestaltungselement wurde zwischen den Linden eine 1,2 m hohe Hainbuchenhecke gepflanzt, was man ebenfalls selten sieht. Zudem sind etwa ein Drittel der Linden efeuberankt. Gerade diese Exemplare sehen besonders interessant aus; man hat fast den Eindruck, als hätte ihnen jemand riesige grüne Ringelsocken übergestreift.

Interessanterweise beginnt die etwa 200 m lange Allee von der Südseite her mit einer starken, ebenfalls efeuberankten Stieleiche von 4,6 m Umfang. Sie dürfte im Pflanzjahr der Linden schon etwa 100 Jahre alt gewesen sein und wurde mit in die Allee integriert. Auch der Efeu an ihr ist sehr alt und armdick. Mit bis zu 1000 Jahren kann er seine »Trägerin«, selbst wenn es eine deutsche Eiche ist, sogar überleben. Beide Gehölze gehen hier eine lebenslange Gemeinschaft ein und verschmelzen regelrecht miteinander. Dass Efeu seinen »Wirt« aussaugen und langsam zum Absterben bringen würde, ist übrigens ein ungerechtfertigtes Vorurteil. Genießen wir also die Allee so, wie Gott sie geschaffen hat.

Standort:
Füchtorf, ostseitig des Schlosses »Harkotten von Ketteler«, östlich der B 475

Kastaniengeisterstunde am Haus Geist

Kastanien-Allee in Oelde

Kreis Warendorf
Art: Gewöhnliche Rosskastanie
(*Aesculus hippocastanum*)
Alter: Etwa 85 Jahre

49

Jetzt wird es »geisterhaft«, denn keine Allee in Deutschland kann mit so vielen «Geistern« aufwarten wie dieses Kleinod im Herzen des Münsterlandes. Die Kastanien-Allee liegt südlich von Haus Geist am Rande des Geisterholzes in Nähe des Geisterbachs. Fehlten eigentlich nur noch die rufenden Eulen. Aber ob Sie's nun glauben oder nicht, auch die leben dort. Und nicht irgendwo im Umfeld der Allee, sondern mittendrin!

In diesem Fall war es sogar ein seltener Steinkauz, der am 13. Juni 2005 kurz nach Einbruch der Dunkelheit direkt vor meinen Augen aus einer knorrigen Kastanie flog. Er liebt die offenen Landschaften mit Feuchtwiesen, Feldgehölzen und Gärten, wie sie heute zu beiden Seiten der Allee zu finden sind. Etwa 1000 n. Chr. muss diese Landschaft jedoch noch völlig anders ausgesehen haben. Wie ließe sich sonst der Begriff »Geist« erklären, der sich von »Geest« herleitet und eine dürre, unfruchtbare und unbesiedelte Gegend bezeichnet?
Mitten durch diese Landschaft zieht sich die Kastanien-Allee mäandernd wie ein Flusslauf aus Bäumen etwa 400 m weit bis fast zum Torhaus des »Haus Geist« hin und bildet eine romantische Kulisse zu der ehemaligen Wasserburg im Westen von Oelde. Diese mittelalterliche Anlage ist etwa 1000 Jahre alt und ruht noch immer auf ihrem Fundament aus Mooreichenpfählen. Sie hat eine derart vielgestaltige und bewegte Geschichte erlebt,

dass hier nur einige der interessantesten Stationen beleuchtet werden können.

Leider ist weder die ursprüngliche Wasserburg, die 1560 einem 4-flügeligen Schlossbau weichen musste, noch das Schloss selbst erhalten. Nur alte Bilder des 1568 vollendeten Baus im Renaissancestil vermitteln noch einen Eindruck von dessen Pracht. Franz von Loe (1505–1574), einer der 6 nachweisbaren Besitzer von Haus Geist, beauftragte damals den seinerzeit sehr angesehenen Architekten Laurenz von Brachum, das Schloss zu entwerfen. Reichkammergerichtspräsident Moritz Edler von Bühren (1604–1661), der zwischenzeitlich in Haus Geist lebte, fügte dem »geistigen« Charakter des Umfeldes noch den »geistlichen« hinzu: Der fromme und gebildete Mann, der 1644 dem Jesuitenorden beitrat, übereignete diesem 10 Jahre später sogar den kompletten Besitz und verwandelte Haus Geist damit in ein Jesuitenkloster. Eine sonderbare Folge von Schicksalsschlägen, ein 1740 ausgebrochener Hausbrand und der komplette Abriss des Renaissanceschlosses zwischen 1806 und 1811 führten dann schließlich zum heutigen Erscheinungsbild von Haus Geist. Der bis heute erhaltene, schlichte Barockbau zeigt freilich nur wenig von der einstigen Pracht dieser Anlage – obwohl der Kräuter- und Blumengarten, der teichrosenbedeckte Wassergraben und die Pferdekoppel an der Südseite des Hauses auch heute noch eine bezaubernde Kulisse zur Kastanien-Allee bilden.

Der Landwirt Otto Pellengahr (1885–1945), der Anfang der 1920er-Jahre die Kastanienallee pflanzte, wollte als damaliger Gutspächter von Haus Geist damit die gesamte

Anlage aufwerten. Heute, etwa 85 Jahre danach, können wir feststellen, dass ihm das wohl gelungen ist. Die 79 Rosskastanien sind heute 13 m hoch und weisen Stammumfänge von bis zu 3,3 m auf – fast unglaublich bei diesem, für Kastanien noch relativ jungen Alter. Vermutlich hängt es mit dem außerordentlich günstigen, sehr feuchten Standort zusammen. Dieser zeigt sich auch an einigen Exemplaren, die im weichen Boden schon etwas »Schlagseite« haben.
Ganz im Norden der Allee haben sich 3 kapitale und mittlerweile 500-jährige Sommerlinden etabliert. Die Naturdenkmale standen also schon zu der Zeit, als Haus Geist noch ein Prachtschloss war. Und selbst wenn der größte Teil der Kastanien noch 150 oder 200 Jahre lebt, ist die Altersgrenze der Linden dann noch lange nicht erreicht. Bei passendem Standort kann eine Linde, wie wir aus unzähligen Beispielen wissen, gut 1000 Jahre alt werden.
Überhaupt ist die Vegetation im unmittelbaren Umfeld der Allee faszinierend: 1997 wurden in einer Bestandsaufnahme 355 Arten bestimmt – eine für ein so kleines Gebiet äußerst ungewöhnliche Artenfülle. Darunter befinden sich sehr viele Heilkräuter, die aus der Jesuitenzeit stammen und bis heute all die Ereignisse und Zeiten überdauert haben.

Naturidylle pur: Der Blick von Haus Geist auf die Ostseite der Kastanien-Allee mit Pferdekoppel und Wiesenlandschaft.

Standort:

Haus Geist, westlich von Oelde, entlang der Haus-Geist-Straße

Die hölzernen Stadtsoldaten von Soest

Platanen-Allee in Soest

Kreis Soest
Art: Ahornblättrige Platane
(*Platanus acerifolia*)
Alter: 130–150 Jahre

50

Eine der zweifellos schönsten Stadtalleen Nordrhein-Westfalens begleitet die B 1 von West nach Ost kilometerweit durch die Stadt. Beeindruckend sind nicht nur die Vitalität und der gleichmäßige Wuchs der Bäume, sondern auch die Anzahl der alten Platanen aus der Erstpflanzung. Bislang mussten nur wenige Nachpflanzungen junger Bäume erfolgen. Das sieht man gerne!

Das Gros der Platanen ist 17 m hoch und hat deutlich mehr als 2 m Stammumfang. Wie es ein offensichtlich gleichaltriges Exemplar aber auf 3,26 m Umfang bringen konnte, wird wohl ein Rätsel bleiben. Möglicherweise stehen solche »Einzelgänger« auf einer Wasserader.

Die 130- bis 150-jährige Platanen-Allee bildet einen prächtigen grünen Tunnel, der das Straßenbild ungemein belebt und verschönt. Erstaunlich, dass die Allee mit dem auch am Sonntag extremen Verkehrsaufkommen so gut zurechtkommt. Die Autos rollen fast pausenlos, nur von den Ampeltakten unterbrochen, unter den Bäumen entlang und erzeugen enorme Emissionen aus Abgasen, Staub und Lärm. Schon deswegen sind die »staubfressenden« Alleen in verkehrsreichen Innenstädten äußerst wichtig und als lebender Luftfilter von unschätzbarem Wert.

Ganz verschont geblieben sind unsere »tapferen Kameraden«, dennoch nicht. Die, die am falschen Platz standen, sind der Straßenbaukultur zum Opfer gefallen.

Um die Platanen, die nicht in den Kreuzungsbereichen stehen, müssen wir uns glücklicherweise kaum Sorgen machen. Platanen-Alleen faszinieren immer wieder mit ihren wohl am schönsten gemusterten Stämmen aller bei uns vorkommenden Alleebaumarten. Von grau, über hellgrün bis hin zu orange, fast alle Pastellfarben sind vertreten. Vielleicht sollten wir, wenn wir uns das nächste Mal in eine Platanen-Allee begeben, einmal vor einem solchen Baum etwas verweilen und auf »Entdeckungsreise« gehen.

Standort:

Soest, entlang der B 1

Durch den Reinhardswald zur Eifel

Atemberaubende Wildromantik am Rande des Urwalds

Eichen-Kastanien-Alleen bei Beberbeck

Kreis Kassel
Arten: Stieleiche (*Quercus robur*), Gewöhnliche Rosskastanie (*Aesculus hippocastanum*)
Alter: 216 Jahre (2006)

51

Oft hört man, der Westen Deutschlands hätte keine grandiosen und naturnahen Alt-Alleen mehr zu bieten. Dass dem nicht so ist, beweisen die Alleen östlich von Beberbeck, inmitten des Reinhardswaldes. Hier kann man zwischen den 1790 gepflanzten Baumreihen ganze Tage verbringen und sich dennoch kaum Sattsehen. Allein östlich von Beberbeck, unweit des berühmten Urwaldes Sababurg, stehen auf 2 km verteilt über 200 Alteichen und gut 2 Dutzend alte Kastanien.

Und als wäre das nicht genug, befinden sich noch 30 weitere uralte, knorrige Hutebäume – Stieleichen, Rotbuchen und Wildbirnen – im unmittelbaren Umfeld der Allee.

Manche der Huteeichen – unter denen man im Mittelalter Nutztiere gehütet hat – sind 3-mal so alt wie die Alleebäume oder älter. Einige Kilometer südlich der Allee inmitten des Reinhardswaldes steht übrigens die »Mutter aller Huteeichen«: die Gerichtseiche vom Gahrenberg. Um sie ranken sich viele Mythen. Und wenn ihr Alter, wie es Berechnungen von Forstexperten nahe legen, tatsächlich zwischen 1300 und 1400 Jahren beträgt, wäre sie älter als die berühmte 1200-jährige Ringeiche im mecklenburgischen Ivenack. Sie galt bislang als die älteste Eiche Deutschlands und muss sich wohl nun mit dem 2. Platz begnügen, wenngleich sie etwa doppelt so groß ist wie die Gerichtseiche.

Seite 120/121: Auf dem Weg vom Reinhardswald zur Eifel kann man am Wegesrand bisweilen noch solch uralten Eichengiganten, wie diesen hier nordwestlich des Reinhardswaldes, begegnen.

Eine Allee und zwei Klimazonen

Linden-Allee am Schloss Wilhelmsthal

Kreis Kassel
Art: Linde (*Tilia*)
Alter: 36 Jahre (2006)

52

Können Sie sich vorstellen, dass es in Deutschland eine Allee gibt, die in zwei unterschiedlichen Klimazonen steht? Wohlbemerkt, hier geht es um ein und dieselbe Allee, die 4-reihige Linden-Allee am Schloss Wilhelmsthal, nordwestlich von Kassel. Doch damit nicht genug an Extremen. Der Boden ist dort nämlich so hart, dass beim Anpflanzen der Linden sogar die Bundeswehr aushelfen und Löcher in den Boden sprengen musste.

Die Allee-Eichen sind heute 216 Jahre alt und könnten alle Nachkommen der Gerichtseiche sein. Es wäre bestimmt interessant nachzuforschen, von welchen Bäumen die Samen stammten, aus denen seinerzeit die Eichenheister für die Alleebäume gezogen wurden. »Forstbotanik-Archäologie« des 21. Jahrhundert sozusagen.

Die Eichen-Alleen stehen an den jahrhundertealten noch heute zum größten Teil wunderbar naturbelassenen Wegen der einstigen hessischen Landgrafen und Kurfürsten. Sie benutzten damals diese Pfade, um zum Jagdschloss Sababurg zu gelangen, das nordöstlich von Beberbeck liegt.

Schon lange bevor es in Beberbeck Alleen gab, machte sich der kleine nordhessische Ort einen Namen als Zuchtstätte von Pferden, was man bis ins Jahr 1490 zurückverfolgen kann. 1823 ernannte Kurfürst Wilhelm II. die Domäne Beberbeck, die ab 1870 unter preußischer Verwaltung stand, dann zur Musteranstalt für die Landespferdezucht.

In den alten Alleen leben heute freilich Tiere ganz anderer Art. Es sind u.a. Waldkäuze und Waschbären, die die knorrigen, höhlenreichen Eichen und Kastanien auf ihre arteigene Weise nutzen. Weshalb man am frühen Morgen beim Durchwandern einer Allee durchaus einem Waschbären bei seiner morgendlichen Pirsch beobachten kann oder wenn er in einer alten Kastanie zu einem Mittagsschläfchen »abhängt« – ein erheiterndes Bild!

Die Nähe zum 200 km² großen Reinhardswald, der gern als »Schatzhaus europäischer Wälder« bezeichnet wird, wirkt sich optisch und ökologisch auf die Allee aus. Das kostbarste Fleckchen Erde, das der Reinhardswald zu bieten hat, befindet sich nämlich ganz in der Nähe der Allee: der deutschlandweit bekannte Urwald Sababurg. Es würde den Rahmen dieses Buches sprengen, hier detaillierter über diesen einmaligen »Märchenwald« mit seinen bizarren, mehrhundertjährigen Baumgestalten zu berichten. Man muss ihn einfach selbst erlebt haben – ebenso wie das mit 40 km Gesamtlänge größte Eichen-Alleen-Gebiet Deutschlands. Mögen die alten Feldalleen östlich von Beberbeck weiterhin von Übel verschont bleiben! Auch späte Alleenfreunde werden sich sicher freuen, zwischen den Reihen dieser »großen Brüder« Kraft für Körper, Seele und Geist tanken zu können.

Standort:

Östlich von Beberbeck an mehreren sich kreuzenden Feldwegen

Dem steinharten und nährstoffarmen Kalkmergelboden war mit normalen Gartengeräten nicht beizukommen. So stellt sich freilich automatisch die Frage, mit welcher Methode wohl die vormals dort platzierten Rotbuchen Anfang des 18. Jahrhundert in den Boden gekommen sind. Die Buchen-Allee war 250–260 Jahre alt, als man 1969/70 die letzten alten Bäume fällte. Schon im Frühjahr 1970 wurden dann unter Leitung des Gartenexperten Herrmann Mielke die ersten Linden angepflanzt, mit besagten Problemen, derer man aber schließlich doch Herr wurde.

Heute, 36 Jahre später, stellt sich noch eine völlig andere, wesentlich interessantere Frage. Nämlich die, warum trotz gleichen Alters viele der Lindenstämme im unteren Alleenbereich bis zu 3-mal so stark sind wie diejenigen weiter oben. Immerhin misst der »dickste« 1,59 m, der »dünnste« gerade einmal 0,51 m. Thomas Schwenk, Gärtnermeister im Wilhelmsthaler Schlosspark, hat für dieses Phänomen eine plausible Erklärung: »Im oberen Bereich der Allee ist es kühl und trocken und im unteren Bereich feucht und warm.« Wir haben es innerhalb der 800 m langen Hanglage also tatsächlich mit zwei verschiedenen Klimazonen zu tun!

1643 stand auf dem Areal des heutigen Schlosses, das östlich an die Allee angrenzt, noch ein bescheidenes Gut. Die hessische Landgräfin Amalie Elisabeth (1602–1651), die als weise und gläubige Regentin bekannt war, nutzte es als Landsitz. Erst Mitte des 18. Jahrhunderts entstand durch den hessischen Landgrafen Wilhelm VIII. von Hessen-Kassel (1682–1760) das heutige Rokokoschloss, umgeben von einem 32 ha großen Park mit über 1000 Bäumen.

Während des Siebenjährigen Krieges wurde 1762 in Schlossnähe eine blutige Schlacht ausgetragen. Zu dieser Zeit war die Rotbuchen-Allee, die wie erwähnt an der Stelle der heutigen Linden stand, bereits etwa 50 Jahre alt. Sie hat die Kampfhandlungen, bei denen 4000 französische Soldaten fielen ganz unmittelbar miterlebt. Ein Massengrab für die Opfer befindet sich im Schlosspark.

Etwa 500 m westlich der Linden-Allee, vorbei am Lindenrondell, kann man eine weitere interessante und überraschende Entdeckung machen. Dort stehen am Wegesrand, umgeben von dichtem Wald, Fragmente einer uralten Rotbuchen-Allee, die man dort nie vermutet hätte. Ein alter Zeitzeuge aus dem benachbarten Dorf erinnerte sich, dass diese prächtigen Buchen nur überlebt haben, weil sich in den Nachkriegsjahren ein Alleenschützer vehement für die Bäume eingesetzt und sie letztlich davor bewahrt hat, als Brennholz zu enden.

Standort:

Westlich von Schloss Wilhelmsthal

Gärtnerische Alleenkunst in der Landeshauptstadt

Platanen-Allee in Wiesbaden

Kreis Wiesbaden
Art: Ahornblättrige Platane
(*Platanus acerifolia*)
Alter: 35 Jahre (2006)

53

Wiesbaden ist bekannt als Spielbankstadt sowie als Sitz des Statistischen Bundesamtes und Standort des wunderschönen Schlosses Biebrich. Und nicht zu vergessen der leckere Riesling, der aus dieser Region stammt. Dass die hessische Landeshauptstadt zudem eine bedeutende Alleenstadt ist, mit 17000 Straßenbäumen, dürfte dagegen weitgehend unbekannt sein. Von der Vielzahl an Alleen, die überall in der Stadt zu finden sind, soll hier die Platanen-Allee an der Rheingaustraße, gegenüber von Schloss Biebrich, vorgestellt werden.

Die ersten Alleen wurden 1817 in der Stadt angelegt. Zwischen 1840 und 1870 folgten dann weitere Anpflanzungen. Die Platanen-Allee in der Friedrich-Ebert-Allee dürfte aus dieser Zeit stammen, dafür sprechen die Umfänge von meist über 3 m. Zwischen den 17 m hohen Platanen finden wir vereinzelt auch Spitz- und Bergahorne, Rosskastanien und Sommerlinden. Die Platanen in der Wilhelmstraße, nördlich der Friedrich-Ebert-Allee, sind wesentlich jünger – in etwa so alt wie ihre Artgenossen in der Rheingaustraße, im südlichen Stadtbereich, nämlich 35 Jahre.

Beim Betrachten der Platanen-Allee in der Rheingaustraße fällt sofort der sonderbare Schnitt auf, der uns an die Oberlausitzer »Lindengeister« erinnert: Es sind so genannte Formschnittbäume. Zu dieser Art des Baumschnitts gibt es unterschiedliche Auffassungen. Offensichtlich ist es gewollt, die Bäume sehr niedrig »in Form« zu halten.

Die Platanen-Allee ist etwa 400 m lang und verläuft direkt am Ufer des Rheins, gegenüber von Schloss Biebrich. Hier residierten vom beginnenden 18. Jahrhundert bis Mitte des 19. Jahrhundert die ehemaligen Fürsten von Nassau.

Trotz ihres noch recht jungen Alters haben die Platanen schon beträchtliche Stammumfänge von durchschnittlich 1 m, was auf ein sehr günstiges, mildes Klima hinweist, wofür die Rheingau-Region in und um Wiesbaden ja bekannt ist. Mit einer mittleren Jahrestemperatur von 9,5 °C und jährlichen Niederschlagsmengen von 622 l/m² zählt Wiesbaden zu den wärmsten Städten in Deutschland.

Wir wissen nicht, wie alt die Platanen-Allee in der Rheingaustraße werden wird. Aber es besteht Grund zur Hoffnung, dass sie einmal als die prächtigste Platanen-Allee Wiesbadens in die Stadtgeschichte eingeht, sofern sie die Mächtigkeit erreichen sollte, die ihre 5 Schwestern am unmittelbaren südlichen Rand der Allee bereits haben. Bei einem vermutlichen Alter von nur etwa gut 200 Jahren bringt es die dickste Platane dort auf unglaubliche 6,47 m »Leibesfülle«. Sie ist damit eine der stärksten Platanen Deutschlands. Bis unsere Alleen-Platanen aber auch nur in die Nähe dieser Dimensionen kommen, wird wohl noch sehr viel Rheinwasser an ihnen vorbeifließen.

Standort:

Wiesbaden, Rheingaustraße gegenüber Schloss Biebrich

Linden voll jugendlicher Schönheit

Linden-Allee bei Himmighofen

54

Rhein-Lahn-Kreis
Art: Linde (*Tilia*)
Alter: 7 Jahre (2006)

Es muss nicht immer eine alte Allee sein, die das Herz eines Alleenfreundes höher schlagen lässt. In Himmighofen, einem 360-Seelen-Dorf am westlichen Rand des Taunus, schmückt seit nunmehr 7 Jahren eine junge Linden-Allee die südlich und nördlich in den Ort mündenden Straßen. Wer von der Bergkuppe nördlich von Himmighofen talwärts schaut, wird belohnt mit einem einmaligen Anblick: Hier liegt das Dorf der Allee buchstäblich zu Füßen.

Vor den Linden stand dort eine alte Obst-Allee. Sie hatte allerdings keine allzu gute Zeit, denn durch die schweren Geräte der Landwirte wurden die Bäume sehr traktiert. Es war also nur eine Frage der Zeit, bis die Obst-Allee von selbst von der Bildfläche verschwunden wäre. Nun stehen dort jedenfalls die jungen Linden und lassen den Geist der alten Bäume fortleben.

In diesem Fall hatte der Bürgermeister eine neue Pflanzung angewiesen. Schade nur, dass die nördliche Nachbargemeinde Gemmerich nicht mitgezog – so endet die wunderschöne Linden-Allee nämlich abrupt auf halber Höhe des Berges. Aber vielleicht dienen diese Zeilen als kleine Anregung, die Pflanzungen nachzuholen.

Die 164 jungen Linden stehen auf 2 km verteilt und sind gut 4 m hoch. Vielleicht ist der Pflanzabstand von bis zu 20 m ein wenig groß gewählt, er lässt aber den Linden umso mehr Platz, sich in voller Schönheit zu entfalten. Im Juni 2000 feierte Himmighofen 750-jähriges Ortsjubiläum. Wie die Chronik berichtet, hatten das Dorf und seine Bewohner in ihrer wechselvollen Geschichte sehr harte Zeiten erlebt. Allein von Anfang bis Mitte des 19. Jahrhunderts gab es 3 große Hungersnöte. Viele Menschen wanderten sogar nach Nordamerika aus. Es gab Armut und Leibeigenschaft. Dass das Dorf nun wieder eine wunderschöne Allee hat, markiert also durchaus einen besonders positiven Höhepunkt in der Dorfgeschichte.

Standort:

Südlich und nördlich des Ortes, entlang der L 333

Wo der Odem Gottes weht

Misch-Allee bei Bassenheim

55

Kreis Mayen-Koblenz
Arten: Rotbuche (*Fagus sylvatica*), Stieleiche (*Quercus robur*), Rosskastanie (*Aesculus hippocastanum*), Linde (*Tilia*) u.a.
Alter: 344 Jahre (2006)

Um es vorwegzunehmen: Keine Allee hat mich in meinem Leben mehr be- und gerührt und einen bleibenderen Eindruck hinterlassen als diese. Es fällt schwer auch nur annähernd zu beschreiben, was man empfindet, wenn man sie durchschreitet. War es bei der Kefferhausener Mehlbeer-Allee die alles überragende Schönheit und Ästhetik, die sie zu einem unvergleichlichen Erlebnis werden lässt, so ist die Bassenheimer Allee von einer völlig anderen Dimension. Sie dringt bis in die Tiefen der Seele – und jeder, der Herz und Sinne weit öffnet, wird dies spüren.

Hier, so möchte man meinen, hat der Schöpfergott selbst Hand angelegt, die Bäume in den Boden gebracht und ihnen eine Seele eingehaucht. Doch wie zu allen Zeiten hat er sich Helfer genommen, die ihn unterstützen. Hier war es der Reichfreiherr Johann Lothar Waldbott von Bassenheim, der 1662 mit seiner Gattin Anna Magdalena ein kleines, aber wunderhübsches Barockkirchlein auf dem Karmelenberg errichten ließ. Es bot sich an, den Pilgerpfad zu dieser Wallfahrtsstätte, an dessen Ende sich sogar ein Kreuzweg befindet, mit einer Allee zu

verschönen. So brachte man Eichen, Buchen, Linden und Kastanien aus – welch wundervolle Alleenbaumgesellschaft!

Heute, 344 Jahre und 5 Menschengenerationen später, stehen die grünen Gesellen noch immer fest verwurzelt und werden wohl so manchen leisen Seufzer der Pilger vernommen und manchem stillen Gebet gelauscht haben. Vielleicht auch so manche liebliche Melodie zum Lobpreis Gottes.

Aber wer vermag zu sagen, wie viele Baumgenerationen in dieser seit 1939 unter Naturdenkmalschutz stehenden Allee vereint sind? Kaum zu glauben, dass die meisten alten, Ehrfurcht gebietenden Baumpersönlichkeiten noch aus der Erstpflanzung stammen. Sie scheinen Vergangenes, Gegenwärtiges und Zukünftiges in sich zu vereinen und strotzen vor Leben. Und das hier oben, wo der Winter besonders hart, der Sommer besonders trocken und der Herbst besonders stürmisch ist. Der Frühling aber scheint das alles wieder gutmachen zu wollen, denn der ist hier oben geradezu überirdisch-schön. Blumen und Kräuter bedecken den Boden wie ein Teppich. Aus dem dichten Unterholz und den Baumkronen ertönt der liebliche Gesang der Vögel. Selbst wenn der Tag sich dem Ende neigt und alles zur Ruhe kommt, geht das Leben hier weiter. Dann beginnt die Zeit der Eulen und Fledermäuse, die lautlos durch den nachtschwarzen Tunnel fliegen oder flattern.

Von den über 100 Alleebäumen machen Buchen den größten Anteil aus, gefolgt von Eichen, Linden und Kastanien. Da der Unterwuchs hier nicht entfernt wird, hat man allerdings zunächst etwas Mühe, die Allee als solche überhaupt zu erkennen. Seit den 1977 letztmals durchgeführten Baumpflegemaßnahmen hat man der Natur wieder freien Lauf gelassen. Und das ist gut so! Die jungen Bäume und Sträucher stehen derart dicht, dass man eigentlich schon von einer riesigen Hecke sprechen kann. Es sind zumeist junge Buchen, Weiden, Linden und Eschen. Hier und da schaut auch ein Holunder durch das dichte und üppige Blattwerk der Bodenvegetation aus Springkraut-Brennnessel-Brombeer-Gesellschaften.

Wie mag wohl die Vegetation zur vorletzten Eiszeit, vor etwa 200 000 Jahren, hier ausgesehen haben, zu einer Zeit, als in dieser Region noch die frühen Neandertaler mit ihren Holzlanzen durch die Urwälder stapften? Archäologische Funde, am nordöstlich der Allee gelegenen Schweinskopf-Vulkan brachten Erstaunliches und Sensationelles zutage. An einem freigelegten Lagerplatz wurden Lagerfeuer-Reste, Steinwerkzeuge und Tierknochen entdeckt. Demnach gehörten Wildesel, Pferde und Nashörner zu den Beutetieren der Neandertaler, die übrigens mit über 90 % Fleischanteil in ihrer Nahrung ein ähnliches Nahrungsspektrum hatten wie Wölfe. Doch während der Neandertaler vor etwa 35 000 Jahren ausstarb, hat der Wolf bis heute überlebt. Diesem Gesellen werden wir aber mit Sicherheit in dieser Allee nicht begegnen, die jedoch ungezählte andere große und kleine Wunder der Schöpfung beherbergt.

Standort:

Nördlich des Karmelenberges, östlich von Bassenheim

Über die Rhön zum Pfinzgau

Prachtbäume entlang der Deutschen Alleenstraße

Linden-Ahorn-Eichen-Allee zwischen Stadtlengsfeld und Dermbach

Wartburgkreis
Arten: Linde (*Tilia*), Stieleiche (*Quercus robur*), Bergahorn (*Acer pseudoplatanus*), Spitzahorn (*Acer platanoides*)
Alter: 70 Jahre (2006)

56

Seite 130/131: Die Herlheimer Allee am erwachenden Morgen.

Unten: Naturfotograf und »Alleenreporter« Olaf Schulz neben einer dicken Allee-Linde.

Die 1993 ins Leben gerufene Deutsche Alleenstraße, die sich von Rügen bis zum Bodensee auf etwa 2500 km durch 9 Bundesländer zieht, hat hier in der Rhön die annähernd zentralste Lage in Deutschland. Von den hunderten Alleen der Deutschen Alleenstraße, über die man ausgiebigst in Wort und Bild berichten könnte, soll der Abschnitt auf der B 285 zwischen Stadtlengsfeld und Dermbach als Beispiel porträtiert werden.

Die aus gesunden Linden, Ahornen und Eichen bestehende Allee verläuft durch das idyllische Feldatal, flankiert von grandiosen Höhenzügen, die nordöstlich an das Biosphärenreservat Rhön angrenzen. Die Basaltkuppen sind überzogen mit naturnahen Laubmischwäldern aus zumeist Rotbuchen und Eschen, die sich bisweilen bis zum Flusstal der Felda hinziehen. Vereinzelt stehen hier noch Eiben in der Wildnis, die bis zu 800 Jahren alt sind.

Unsere Allee bringt es auf nicht einmal 10 % dieses Alters. Nach aufwendigen Recherchen konnte sogar das ungefähre Pflanzjahr ermittelt werden. So soll die Allee 1936 zeitgleich mit dem Bau der Schmalspurbahn angelegt worden sein. Die Stammumfänge z.B. der Linden betragen jedoch bis zu 2,56 m, was eigentlich für ein höheres Alter spricht. Selbst bei günstigsten Lebensbedingungen ist es nur schwer nachvollziehbar, dass eine 70-jährige Linde diese Mächtigkeit und sogar Wuchshöhen von z.T. über 20 m erreicht.

Alte Wildobstbäume haben sich zwischen die stattlichen Linden gemischt. Es sind Wildbirnen und Holunder, und westlich der knapp 6 km langen Allee kann man noch alte Streuobstwiesen entdecken, die typisch für die Region sind. Stellenweise reichen bunte Bergblumenwiesen bis an die Allee heran. Der überwiegende Teil der Bäume auf diesem Abschnitt sind Linden. Erst nördlich von Dermbach geht die Allee in Stieleichen, Berg- und Spitzahorne über.

Das schönste Einzelexemplar ist eine prächtige Winterlinde von 4,2 m Umfang. Sie stand schon weit vor den anderen Bäumen hier und wurde harmonisch in die Allee integriert. Nicht nur wegen dieses Baumes lohnt es sich, hier unter dem »grünen Himmel« entlangzufahren und jeden Alleenkilometer in vollen Zügen zu genießen.

Standort:

Deutsche Alleenstraße entlang der B 285 zwischen Stadtlengsfeld und Dermbach

Eine bayrische »Arche-Noah-Allee«

Misch-Allee bei Herlheim

Kreis Schweinfurt
Arten: Schwarzpappel (*Populus nigra*), Bergahorn (*Acer pseudoplatanus*), Spitzahorn (*Acer platanoides*), Gewöhnliche Esche (*Fraxinus excelsior*), Silberweide (*Salix alba*), Eberesche (*Sorbus aucuparia*), Schwarzerle (*Alnus glutinosa*), Eschenahorn (*Acer negundo*)
Alter: 10–100 Jahre

57

Fast möchte man meinen, in Herlheim sei die Arche Noah gestrandet. Anders lässt sich die für bayerische Straßenverhältnisse außergewöhnliche Artenfülle kaum erklären. Denn solche Alleebaumraritäten sind selbst im ostdeutschen ehemaligen »Alleen-Schlaraffenland« längst rar geworden.

Nun ist das Hoheitsgebiet des Freistaates Bayern nicht gerade berühmt für seinen Alleenreichtum. Doch sehen, lesen und staunen Sie selbst, welch bunter Reigen von z.T. seltensten Alleebaumarten jeden Alters sich hier in der unterfränkischen 560-Seelen-Gemeinde den Alleenfreunden präsentiert: Eberesche, Silberweide, Schwarzerle, Esche, Schwarzpappel sowie Spitz-,

Berg- und Eschenahorn – ein langer, bunter Garten feuchtigkeitsliebender Baumarten. Sieht man sich die 8 Baumarten etwas genauer an, fällt sofort auf, dass es sich, Spitz- und Bergahorn ausgenommen, samt und sonders um »vom Aussterben bedrohte« Alleebaumarten handelt. Den Gründern war sicherlich gar nicht bewusst, was sie da vor 100 Jahren an Kostbarkeiten gepflanzt haben, weil sich die Alleenwelt in genau dieser Zeit ja dramatisch verändert hat. Selbst die Schwarzpappel, die inzwischen auf der »Roten Liste« der Alleebaumarten steht, gehörte damals noch zu den häufigeren Arten. Und wo finden wir heute noch Ebereschen oder gar Schwarzerlen in einer Allee? Ganz zu schweigen vom Eschenahorn, der vielleicht zu den größten Seltenheiten überhaupt zählt.

Eine weitere Besonderheit dieser Allee ist die extreme Spannweite ihrer Altersstruktur. Diese schwankt zwischen 10 und 100 Jahren, was auch die großen Unterschiede in den Stammumfängen erklärt. Regelmäßige Nachpflanzungen haben hier lobenswerter- und vorbildlicherweise größere Lücken gar nicht erst entstehen lassen.

Wir können also voller Freude resümieren: Hier im nordbayrischen Herlheim, südöstlich von Schweinfurth, hat man alleenmäßig alles richtig gemacht. Die Herlheimer können stolz sein auf ihre 900 m lange »Arche-Noah-Allee«, die sie weiter pflegen und bewahren sollten wie einen Schatz.

Standort:

Östlich von Herlheim, Richtung Sulzheim

Alleen-Rarität am Rande des Fasanengartens

Eiben-Allee in Karlsruhe

58

Kreis Karlsruhe
Art: Eibe (*Taxus baccata*)
Alter: 216–226 Jahre (2006)

Eine Allee, die aus Eiben besteht, ist in Deutschland eine dendrologische Kostbarkeit. Man kann die Standorte an einer Hand abzählen. Zu finden sind Eiben-Alleen in Berlin Lichtenberg, Kaarst (Nordrhein-Westfalen), Greifswald (Mecklenburg-Vorpommern) sowie in Karlsruhe, wo östlich des Schlossgartens der Fasanengarten beginnt. Und die Eiben-Allee liegt direkt im dortigen Eingangsbereich hinter einem prunkvollen Tor.

Eine große Liebe zu Bäumen und Blumen begleitete den Stadtgründer Karl Wilhelm (1679–1738) zeitlebens. Er schickte ganze Expeditionen in andere Erdteile, um seine Pflanzensammlung zu vergrößern. Viele Kostbarkeiten davon sind heute noch im Botanischen Garten und im 1720 von ihm angelegten Fasanengarten zu sehen. Das Pflanzen und Gedeihen der Eiben-Allee konnte er aber leider nicht mehr miterleben.

Auf Anordnung von Karl Friedrich wurde der Fasanengarten zwischen 1787 und 1790 von Garteninspektor Friedrich Schweickardts im englischen Stil umgestaltet. Die Eiben-Allee wurde in etwa zur selben Zeit – zwischen 1780 und 1790 gepflanzt – und ist heute die größte Attraktion des Fasanengartens. Der Name rührt übrigens daher, das man dort, leider zur Gaumen- statt zur Augenfreude, Fasane züchtete.

Seit 1918 ist der Fasanengarten für die Öffentlichkeit zugänglich, die auch tagtäg-

lich in Scharen die etwa 50 m lange und 13 m breite Allee durchwandelt. Die Eiben sind inzwischen derart dicht verwachsen, dass man die Bäume der Allee denn durchaus auch für eine Hecke halten könnte. Diese ist aber zusätzlich vorhanden und gibt der Allee einen grünen Rahmen.

Auch wenn die Eiben nun etwa 220 Jahre zählen, so sind sie dennoch relativ jung. Eiben erreichen nämlich unvorstellbare 4000 Lebensjahre und gehören damit zu den ältesten Bäumen weltweit. Im Allgäu bei Hinterstein findet man ein frei stehendes Exemplar dieser Art, das mit 2000 Jahren alle Altersrekorde in unseren Breiten bricht. Wie alt Eiben in geschlossenen Alleen werden, wird man abwarten müssen. Die Chancen für ein hohes Lebensalter stehen in Karlsruhe recht gut. Das prächtigste Exemplar bringt es derzeit schon auf immerhin 2,47 m Stammumfang.

Eibenholz ist von großer Härte. Nach der Brinell-Methode weist es einen Wert von maximal 70 N/mm² auf. Im Vergleich dazu ist das Holz der Stieleiche mit maximal 41 N/mm² geradezu »weich«. Zudem genießt die Eibe seit jeher den Ruf, das beste Holz zum Bau von Bögen, Armbrüsten und Speeren zu liefern, da es extrem elastisch ist. Schon die Neandertaler wussten dies wohl, und fertigten ihre Speere aus Eibenholz.

Die enorme Giftigkeit des Baumes ist weniger bekannt, aber schon Plinius der Ältere wies darauf hin, dass Menschen sich vergiften können, wenn sie Gefäße aus Eibenholz benutzen. Gar nicht wissen wollen wir freilich, wer getestet hat, dass schon eine Dosis von 50–100 g Nadeln für den Menschen tödlich sei.

Standort:

Karlsruhe, Fasanengarten, östlich des Schlossgartens

Oberpfälzer Jura und Alpenvorland

Ein Alleenkleinod an heiliger Stätte

Linden-Allee in Nassenbeuren

Kreis Unterallgäu
Art: Linden *(Tilia)*
Alter: Gut 300 Jahre

59

Sie ist eines der grandiosesten Lindenalleen-Juwele, das es hierzulande gibt. Nur wenige Alleen ihrer Art in Deutschland können sich mit ihr messen. Selbst die Tatsache, dass ein mächtiges Exemplar im Frühjahr 2006 vom Sturm geworfen wurde, ändert nichts daran. Die über 300-jährige Linden-Allee in Nassenbeuren ist ein realer Traum.

Gläubige, gottesfürchtige Menschen könnten sich beim Durchschreiten dieses einmaligen Naturdenkmals schon beinahe zu der Frage hinreißen lassen: Ist das der Weg zum Paradies? Nun, da führt er leider nicht hin, aber immerhin zu einem weiteren Kleinod – der Wallfahrtskapelle Maria Schnee. Mit dem wunderschönen Kirchlein verbindet sich ein Ereignis, das inzwischen sogar weltweite Bedeutung hat. Kaplan Christoph von Schmid hat in diesem Gotteshaus nämlich den Text zum Weihnachtslied »Ihr Kinderlein kommet« gedichtet, das heute die Christen in aller Welt singen. Wie Einheimische berichten, wirkte er von 1791-1795 als Kaplan in Nassenbeuren. In dieser Zeit muss also der Liedtext entstanden sein. Glücklicherweise ist das Jahr, in dem J. A. P. Schulz das Lied vertont hat, genau bekannt: 1794. Es spricht also alles dafür, dass auch der Text in diesem Jahr entstanden ist.

Im Gegensatz zu dem berühmten Kinderlied hat der Wallfahrtsweg, der durch die Allee führt, nur regionale Bedeutung. »Erst zum 300-jährigen Jubiläum der Wallfahrtskapelle, im Jahr 2003, ist der Wallfahrtsweg etwas bekannter geworden« erinnert sich Josef Stadler, der mit seinen Führungen den Gästen und Pilgern die Geschichte der Kapelle und der Allee nahe bringt.

In den Jahren der Kapellen-Gründung, zwischen 1701 und 1703, wurde dann vermutlich auch die Allee angelegt. Die Mächtigkeit der Bäume lässt darüber keinen Zweifel aufkommen. Abgesehen von einigen jüngeren Bäumen besteht die etwa 400 m lange Lindenallee noch zum größten Teil aus den Linden der Erstpflanzung vor gut 300 Jahren. Die Stille und Harmonie die von dieser Allee ausgeht ist unbeschreiblich. Jeder einzelne Baum ist eine faszinierende

Persönlichkeit für sich. Die Linden sind knorrig, beulig und von Moosen und Flechten überdeckt. Auf gewaltigen »Füßen«, die wie die Sockel heiliger Tempel anmuten, thronen ihre mächtigen Stämme, aus denen die baumstarken Äste wie Arme gen Himmel ragen und riesige Kronen bilden. Meist sind die Linden etwa 23 m hoch; einige Exemplare sind knapp 2 m stark (!), was einem Umfang von über 6 m entspricht.

Wer diese göttliche Alleenschöpfung besucht, sollte dies an einem nebeligen Frühlings- oder Herbstmorgen tun. Dann nämlich könnte man tatsächlich den Eindruck gewinnen, die Linden wären nicht von dieser Welt!

Standort:

Wallfahrtsweg von Nassenbeuren zur Kapelle Maria Schnee

Seite 138/139: Die knorrige Eichen-Allee zwischen Gut Delling und Seefeld.

Auf schmalem Kreuzweg zu Jesus finden

Linden-Allee in Deuerling

Kreis Regensburg
Art: Linde (*Tilia*)
Alter: Etwa 125 Jahre

60

Dort, wo sich nahe Regensburg die Schwarze Laber am Fuße des Kalvarienberges durch das Tal schlängelt, liegt das idyllische Dorf Deuerling. Der oberpfälzische 2000-Seelen-Ort beherbergt noch eine der schönsten Kreuzwegalleen in deutschen Landen. Hier kann in des Pilgers Seele wieder die Ruhe und Stille einkehren, die er auf den Holzwegen dieser Welt nicht mehr findet.

Der Weg, zu Gott zu finden, ist schmal und steil. Der Weg zu seinem Sohn auch. Wer den Deuerlinger Kreuzweg bis zum Ende hinaufgeht, kann ihm begegnen: Sein gusseiserner Körper hängt an einem großen Holzkreuz, das von zwei alten Linden eingerahmt wird. Sie wirken wie starke Beschützer – ein würdevoller Anblick, der Andacht und Ehrfurcht vereint.

Die Tradition von Kreuzwegen geht bis in das 16. Jahrhundert zurück. Der spanische Franziskanermönch Antonius Daza begründete damals die Darstellungsform von 14 bebilderten Stationen, auf denen gläubigen Menschen der Leidensweg Jesu Christi von der Verurteilung bis hin zu Tod und Grablegung nahe gebracht wird. Dazu wählte man meist einen Kalvarienberg. Was sich von dem lateinischen »calvariae locus« – Schädelstätte – ableitet. Auch in Deuerling gibt es einen solchen Kalvarienberg, an dessen Südseite die Kreuzwegallee verläuft.

Der Mann, dem wir diese aus Linden bestehende Allee zu verdanken haben, heißt Alois Riedel (1809–1893). Er stammte aus einer armen Familie und brachte es dennoch zum königlich-bayrischen Staatsbeamten. Sein Wirken für die Region und insbesondere für Deuerling wird als segensreich und wohltätig beschrieben. Als Landgerichtsdiener a.D. stiftete der fromme Mann dann schließlich diesen Kreuzweg mitsamt den Alleebäumen. In einem Brief vom 2. Februar 1889 teilte er mit, dass er für das Errichten der 15 Stationen und das Besorgen der Alleebäume 844 RM 98 Pf gespendet habe.

Leider ist auch hier nicht genau überliefert, in welchem Jahr sowohl die Kreuzwegstationen als auch die Allee angelegt wurden. Sicher wissen wir nur, dass es in der Amtszeit des Pfarrers Pappit geschah, also zwischen 1875 und 1883. Die Linden sind also mindestens 123 Jahre alt. Vermutlich sogar etwas älter, denn Alleebäume müssen ja zur Pflanzzeit schon einige Jahre herangewachsen sein.

Bis heute haben sich die 17 m hohen Linden prächtig entwickelt. Die Spanne der Stammumfänge liegt zwischen 1,3 und 2,8 m. Sonderbarerweise stehen die mächtigsten Exemplare alle ganz oben am Ende der Allee in Nähe der 15. Kreuzwegstation – dem Holzkreuz mit dem gekreuzigten Jesus. Ein ergreifendes Bild, das nachdenklich macht.

Die 250 m lange Allee hatte also bis heute einen schönen Werdegang. Den Bildtafeln zwischen den Bäumen kann man dies allerdings ganz und gar nicht bescheinigen. Pfarrer Joseph Jobst bezeichnete den Zustand schon 1932 als ruinös. Was war geschehen? Oder besser, was war nicht geschehen? Die Pflege der Bildnisse! »Bis zum Jahr 1973 ließ man

die Pfeiler zum Teil umgestürzt ohne Bildtafeln einfach liegen, niemand forschte, niemand half, sodass von den ursprünglichen Bildnissen bis heute nichts bekannt ist«, schildert Rainer Göstl, ehemaliger Rektor der Deuerlinger Grundschule, sehr anschaulich in seinem »Kreuzweg«-Bericht. Aufgerüttelt durch diesen unhaltbaren Zustand ergriff er als damals noch junger Lehrer die Initiative und ließ 1973/74 mit Unterstützung des Deuerlinger Singkreises den Kreuzweg buchstäblich wieder auferstehen. Auch das einstmals öde Umfeld der Grundschule füllte der heutige Ortsheimatpfleger mit neuem Leben. Im Verlauf von 30 Jahren pflanzte er mit seinen Schülern Dutzende von Bäumen an und gestaltete einen Naturlehrpfad.

Die Gestaltung der Bildnisse in der Kreuzwegallee erwies sich allerdings als recht problematisch. Zwar hatte man mit Walter Hagen (1928–1980) einen namhaften Künstler der Region gefunden, doch der saure Regen machte seinen Bildtafeln aus Weißblech schon bald den Garaus. Dem Weidener Künstler Günter Mauermann gelang es schließlich, mit Bronzetafeln »Passionsbilder für die Ewigkeit« zu schaffen.

Heute lohnt sich also wieder der Pilgergang durch die Kreuzwegallee. Sie ist ein vollendetes Gesamtkunstwerk aus Natur und Religion, eine Andachts- und Pilgerstätte und letztlich auch ein schützenswertes Denkmal, das unbedingt erhalten werden sollte.

Standort:

Nördlich von Deuerling, am Südhang des Kalvarienberges

Wo liebliche Nymphen tanzen und singen

Linden-Alleen im Schlosspark Nymphenburg

Kreis München
Art: Linde (*Tilia*)
Alter: Etwa 200–250 Jahre

61

Wie allseits bekannt, sind Nymphen liebliche, sinnliche und wohltätige Naturgeister in Gestalt schöner junger Mädchen. An geheimen Orten der freien Natur gehen sie tagein, tagaus ihren Lieblingsbeschäftigungen nach. Sie spielen und singen, tanzen und springen, ganz so wie es ihnen gefällt. Im Nymphenburger Schlosspark, westlich von München, soll sogar eine der seltensten Nymphenarten vorkommen: die Dryaden. Sie leben zurückgezogen in den dunklen Höhlen der Bäume und Alleen – den »Nymphenburgen«.

Derer gibt es im Nymphenburger Schlosspark reichlich. Allein den Mittelkanal südlich des prunkvollen Schlosses, das zwischen 1664 und 1730 mehrfach um- und ausgebaut wurde, säumt zu beiden Seiten eine etwa 900 m lange Linden-Allee mit hunderten Bäumen unterschiedlichsten Alters. Die ersten Alleenstücke wurden Anfang des 18. Jahrhunderts angelegt, regelmäßige Nachpflanzungen erfolgten bis Mitte des 20. Jahrhunderts.

Den Anblick der beiden prägenden Alleen mit dem weiß leuchtenden Schloss in der Mitte

kann man nur als grandios bezeichnen. Das Schloss, lange Zeit die Sommerresidenz der Wittelsbacher, bildet zusammen mit dem Schlosspark ein Ensemble von einzigartiger Schönheit und Harmonie und gilt zu Recht als schönste Barockanlage Süddeutschlands und eine der schönsten Anlagen ihrer Art deutschlandweit. Doch erst die Alleen verschaffen dem Park diese Anmut, diese Lieblichkeit und Ausstrahlung, die einer Weltstadt wie München gut zu Gesicht steht. Wie überall geht jedoch dem Kunstwerk die Arbeit des Künstlers voraus. Hier war es der

Gartenkünstler und Stadtplaner Friedrich Ludwig von Sckell (1750–1823), einer der bedeutendsten Landschaftsgärtner seiner Zeit, der den Park mit seiner Kreativität prägte. 1799 noch Gartenbaudirektor von Pfalz und Bayern, stieg er 1804 in München zum Hofgartenintendant auf und wurde berufen, den ehemaligen Barockgarten in einen englischen Landschaftsgarten umzugestalten. Der Prozess dieser Umwandlung dauerte bis 1823. Viele barocke Elemente blieben bis heute erhalten, vor allem die Mittelachse mit dem Kanal und den Alleen.

Wer sich die Mühe macht, auf Entdeckungsreise zu gehen, wird sicher noch die eine oder andere altehrwürdige Linde finden, die Meister Sckell vielleicht höchstselbst in den Boden gebracht hat. Ein Großteil der Linden ist bis 25 m hoch, bei einer Mächtigkeit des Stammes von einem guten Meter, was auf ein Alter von gut 200 Jahren schließen lässt. Eine der skurrilsten und ältesten Linden, die sicher noch aus der Zeit der ersten Pflanzungen von etwa 1760 stammt, steht an der Südlichen Auffahrtsallee. Der Stamm hat den stolzen Durchmesser von 1,25 m und trägt unzählige Beulen, Knoten, Wülste und Gesichter. Wer vor dem Baum etwas verweilt und ganz still in ihn hineinhört, der wird sie vielleicht singen hören, die Nymphen vom Nymphenburger Schlosspark.

Standort:

Schlosspark Nymphenburg südlich des Schlosses, sowie an der Südlichen und Nördlichen Auffahrtsallee

»Epiphyten« auf bayerischen Linden

Kastanien-Linden-Allee in Waal

Kreis Ostallgäu
Arten: Gewöhnliche Rosskastanie 62
(*Aesculus hippocastanum*), Linde (*Tilia*)
Alter: 250–300 Jahre

Es gibt sie noch, die »miniermottenfreie Zone«. Dass diese ausgerechnet in Süddeutschland liegt, von wo aus der Schädling vor Jahren seinen Siegeszug antrat, ist umso erstaunlicher. Der »weiße Fleck« auf der Alleenlandkarte heißt Waal. Diesen Landstrich scheint der kastanienverliebte Schmetterling übersehen zu haben. Oder steht die alte Kastanien-Allee etwa so versteckt, dass sie selbst von diesen gefräßigen Flattertieren übersehen wurde?

Das könnte gut sein, denn selbst Kastanienliebhaber der Spezies Mensch haben Mühe, diese Allee, in der auch Linden stehen, zu entdecken. Sie liegt fast etwas vergessen am östlichen Ortsrand von Waal, einer kleinen Marktgemeinde südwestlich von Landsberg im Ostallgäu. Der altbayrische Ort, der 890 n. Chr. in einer Tauschurkunde des Klosters Ottobeuren erstmals erwähnt wurde, kann also eine echte Alleen-Seltenheit sein eigen nennen. Nicht nur, weil die »Heimsuchung« der Rosskastanienminiermotte, wie sie richtig heißt, ausgeblieben ist, sondern auch wegen des ungewöhnlich hohen Alters, das den knorrigen Gesellen buchstäblich ins Gesicht geschrieben steht. Die Kastanien und Linden werden wohl schon gut 250–300 Lenze auf der Borke haben.

Dennoch kann man – zumindest bei den Linden – hier noch lange nicht von hochbetagt sprechen. Bei den Kastanien sieht das leider

Aus einer alten Alleen-Linde wächst eine Eberesche.

etwas anders aus. Dieser nach wie vor sehr beliebte Alleenbaum hat jenseits der 250 Lebensjahre seinen Zenit überschritten. Zwar gibt es 270-jährige Kastanien-Alleen, die noch fast die komplette »Urbesetzung« haben. Aber solche Alleen kann man in Deutschland an einer Hand abzählen.

Die insgesamt 45 Bäume – 15 Kastanien und 30 Linden – stehen an dem noch völlig naturbelassenen Weg auf 500 m verteilt. Leider sind auch hier schon größere Lücken entstanden, weil keine neuen Bäume nachgepflanzt wurden. Es wäre wünschenswert, dies bei Gelegenheit nachzuholen. Ursprünglich hat man die Bäume in Abständen von 7 m gesetzt. Sie erreichen heute Höhen von 20–23 m, bei einem Kronendurchmesser von etwa 17 m. In der Nähe eines Reitstalls steht die Königin der Allee, eine Linde mit beeindruckenden 5,8 m Umfang. Die Kastanien sind dagegen nur etwa 4 m »dick«.

Die gewaltigen Stämme haben sich mittlerweile selbst zu artenreichen Biotopen entwickelt. So kann man zwischen den Astgabeln einiger Linden tatsächlich kleine »Fremdlinge« entdecken, die schon daumenstarke Stämmchen entwickelt haben. Diese Baumzwerge erinnern etwas an die Epiphyten

(Aufsitzerpflanzen) des tropischen Regenwaldes. Bei einer Linde wächst eine kleine Eberesche direkt aus dem Stamm, als wäre sie ein junger Ast der Linde. Solche kleinen Naturwunder zaubern immer wieder ein Lächeln auf das Gesicht eines Alleenfreundes. Bemerkenswert wäre vielleicht auch, dass in dem westlich der Allee liegenden Schloss ein echtes Prinzenpaar lebt. Vermutlich hat einer der früheren Schlossbesitzer im 18. Jahrhundert die Allee anlegen lassen.

Bekannt ist Waal zudem für seine Passions- und Heiligenspiele, die in den Pestjahren um 1626 ihren Anfang nahmen. Eine der berühmtesten Söhne von Waal war der Porträtmaler Prof. Hubert Ritter von Herkomer, der 1849 hier geboren wurde. Er gilt als einer der Wegbereiter des Automobilrennsports. Und der findet ja, wie wir alle leidlich wissen, manchmal auch in einer Allee statt.

Standort:

Östlich des Ortes, entlang des Alleenweges am Schlosspark

Der Eichen-Mythos lebt

Eichen-Allee zwischen Gut Delling und Seefeld

Kreis Starnberg
Art: Stieleiche (*Quercus robur*)
Alter: Etwa 236 Jahre (2006)

63

Das Bayern keine Alleen-Hochburg ist, dürfte bekannt sein. Aber jene baumgesäumten Straßen, die bis heute bestehen, sind umso schöner. Diese prächtige Eichen-Allee südwestlich von München zwischen dem Gut Delling und Seefeld erstreckt sich über 3,4 km und soll zu den längsten Stieleichen-Alleen ihrer Altersklasse in Europa zählen.

Was ihr bisweilen auch nachgesagt wird, nämlich die älteste Stieleichen-Allee Europas zu sein, kann freilich nicht stimmen. Sie ist nicht einmal annähernd die älteste Allee ihrer Art in Deutschland. Die in Holzhausen (Hessen) ist mit ca. 450–550 Jahren ganz sicher älter, und danach folgt Schildfeld (Mecklenburg-Vorpommern) mit ca. 450–500 Jahren.

Die Allee von Gut Delling soll im Jahr 1770 auf Initiative von Anton Clemens Graf zu Törring-Seefeld (1725–1812) angelegt worden sein und wäre damit genau 236 Jahre alt. Den 3. Platz müsste sie sich dann allerdings immer noch mit vermutlich einigen Dutzend Konkurrenten aus den ostdeutschen Alleenländern teilen, in denen noch eine schöne Anzahl

solch alter Stieleichen-Alleen überlebt hat. Auch wenn wir nun in der vermeintlich glücklichen Lage sind, das genaue Pflanzjahr zu kennen, wirft genau diese Tatsache wiederum neue Fragen auf: Wie alt sind die Alleebäume wirklich? Experten, die sich seit Jahren mit Alleen und Bäumen beschäftigen, bezweifeln, dass es eine 236 Jahre alte Stieleiche auf 5,22 m Stammumfang bringen kann. Das wäre selbst dann kaum möglich, wenn die Lebensbedingungen außerordentlich günstig sein sollten. Nach dem bereits erwähnten, »Eichenstammgesetz«, dass der Umfang in

Zentimetern in etwa dem Lebensalter in Jahren entspricht, müssten die Kameraden glatt doppelt so alt sein. Diese Rechnung trifft freilich nicht auf alle Baumarten zu. Würde es hier um eine Allee aus (sehr viel schneller wachsenden) Schwarzpappeln gehen, wäre beispielsweise alles stimmig. Den Beweis dazu liefert die Deichgrafen-Allee nahe Torgau (Sachsen). Dort steht eine Schwarzpappel von 5,37 m Umfang, die etwa 250 Jahre alt ist. Und die dortigen Stieleichenumfänge liegen zwischen 2,5 und 3 m, was das »Eichenstammgesetz« eindrucksvoll bestätigt.

Laufen also die Uhren in Bayern tatsächlich ein bisschen anders? Es ist doch schön, dass es keine Gleichförmigkeit in der Natur gibt, dass sich immer wieder Fragen auftun, die sich nicht beantworten lassen. Wir müssen ja auch nicht immer alles ganz genau erklären können. Das macht doch den Reiz der Natur und all ihrer Geschöpfe aus, die bis heute voller Rätsel, Mythen und Mysterien stecken. Und welches Geschöpf könnte ein besseres Beispiel liefern als die Eiche, die schon vor 2500 Jahren den Kelten heilig war und als göttlicher Baum verehrt wurde. Wer damals ohne Erlaubnis einen geheiligten Eichenhain fällte, wurde sogar mit dem Tode bestraft. Hätte dieses Keltengesetz bis in die heutige Zeit ihre Gültigkeit, wären wir wohl das eichenalleenreichste Land der Erde.

Standort:

Landstraße von Gut Delling bis nach Seefeld

Alleenkönigin der Herzen

Linden-Allee in Marktoberdorf

Kreis Ostallgäu
Art: Linde (*Tilia*)
Alter: 218 Jahre (2006)

64

Unsere visuelle Reise durchs deutsche Alleenland neigt sich dem Ende zu. Und wenn es am schönsten ist, soll man ja bekanntlich aufhören. Wir haben viel gesehen und gelesen, haben uns gefreut und waren vielleicht manchmal auch etwas traurig. Aber wir können wohl resümieren: Ja, Deutschland ist noch ein Alleenland! Die vielleicht schönste Linden-Allee unserer Breiten, die berühmte Kurfürstenallee in Marktoberdorf, soll den würdigen Schluss- und Höhepunkt unserer Bilderreise zu den schönsten Alleen Deutschlands bilden.

Hier stehen sie in Reih und Glied, die moosbewachsenen, unverrückbaren Säulen, die aus den verborgenen Tiefen der Erde zum Licht emporragen. Es scheint, als sähen sie uns an, als wollten sie mit uns reden, und dennoch bleiben uns all ihre Geheimnisse verborgen. Nur der Wind, der leise mit den Bäumen spricht, wird sie wohl kennen, wenn er säuselnd durch die Kronen weht und mit den Blätterherzen spielt.

Ja, man kann in Poesie schwelgen, wenn man über Linden berichtet, ganz gleich ob es nun ein Einzelbaum oder eine Allee ist. Die Linde ist und bleibt des Deutschen liebster Baum. Gerade in den Alleen spiegelt sich dies ganz deutlich wider. Die Linde, die so wunderschöne herzförmige Blätter trägt, ist die mit Abstand am häufigsten verwendete Alleebaumart. Sie ist die ungekrönte Königin unter den Alleebaumarten und auch in diesem Buch mit 18 Porträts am häufigsten vertreten. Gleichwohl ist sie immer wieder neu erlebbar; keine Linden-Allee gleicht der anderen. Jede hat einen anderen Charakter, eine andere Seele und ihren ganz eigenen Charme. Dies gilt ganz besonders für unsere nunmehr letzte Allee – die Kurfürstenallee von Marktoberdorf. Sie trägt ihren Namen zu Recht. Wegen ihrer wahrhaft majestätischen Erscheinung hat sie seit jeher einen festen Platz nicht nur auf vielen Kalender- und Buchseiten, sondern auch in den Herzen der Alleenfreunde.

Wenn wir heute noch solche alten Alleen-Kostbarkeiten bewundern können, dann meist deswegen, weil der deutsche Adel des 16. bis 19 Jahrhunderts die »Mode« des Alleenpflanzens flächendeckend übernahm. Oft wurden Alleen zur Beschattung der Kutschwege gepflanzt. Die Kurfürstenallee, die bis auf wenige nachgepflanzte Kastanien aus Linden besteht, liefert uns dafür ein gutes Beispiel.

Clemens Wenzelslaus (1739–1812), Kurfürst von Trier und königlicher Prinz von Polen und Sachsen, benutzte diesen Weg, um zur Kirche

zu fahren. In seinem Auftrag wurde diese Allee etwa im Jahre 1788 gepflanzt. Sie beginnt am östlichen Ortsrand nahe des Schlosses und zieht sich etwa 2,2 km in östlich Richtung. Kurz vor ihrem Ende kreuzt sie die B 472 und führt dann noch einige hundert Meter bergauf in einen Wald, bevor sie an einer Waldlichtung abrupt endet und dort, mit etwas Fantasie, die Säulen eines riesigen Torbogens bildet. In diesem Bereich ist der Weg noch so naturbelassen wie zu Kurfürstenzeiten. Man könnte ins Schwärmen geraten.

Dass jene seligen Zeiten aber auch hier längst Geschichte sind, sehen wir auf dem gesamten restlichen Wegeabschnitt. Insgesamt kann man in dieser Allee jedoch an vielen Stellen völlig gratis Freude tanken. Und bei der einen oder anderen besonders eigentümlichen Baumgestalt steht sicher auch ein Schmunzeln an. Da wäre zum Beispiel die »wohlgenährteste« Linde mit 5,42 m »Körperfülle« die »Queen-Mum« der Allee. Wie sie es jedoch in nur 218 Jahren auf dieses Maß bringen konnte, wird wohl ein Rätsel bleiben. An anderer Stelle ragt aus dem Stamm wieder einmal ein lustiger Kopf mit runzligem Gesicht. Der wohl sonderbarste Vertreter dieser königlichen Gesellschaft steht auf 2 »Beinen«. Und zwar frisch nachgewachsenen. Gestützt wird die Linde von den brettartigen Resten ihres ehemaligen Stammes. Das faszinierende Phänomen, dass sich Linden ständig verjüngen, ist bekannt. Doch wie kann es sein, dass der Baum zu wissen scheint, wann er seinen Körper verstärken und stützen muss, damit er nicht zusammenbricht? Diese Linde hat in 2 m Höhe aus dem hohlen Stamm 2 Stützwurzeln ausbildet, die sich zu armdicken Stämmen entwickelt haben. Das mutet fast wie ein Naturwunder an.

Die Kürfürstenallee ist eine der schönsten und erhaltenswertesten Linden-Alleen, die wir in Deutschland haben. Mit ihren knapp 220 Jahren ist sie noch sehr jugendlich. Linden können bis zu 1200 Jahre alt werden. Im 35 km Luftlinie entfernten Wessobrunn steht so ein Methusalem, namens Tassilo-Linde. Wir dürfen also gespannt sein, wie viele Menschengenerationen die Kürfürstenallee von Marktoberdorf noch erfreuen wird.

Standort:

Östlich des Ortes, entlang des Prälatenweges Richtung B 472

Alleenschutz und ökologische Bedeutung

Alleenschutz ist heute nötiger und wichtiger denn je, denn Alleen sind gerade in unserer Zeit von sehr hohem ökologischen Wert. Einige Aspekte dazu konnten vorlaufend in dem einen oder anderen Porträt schon angesprochen werden. Zusammenfassend lässt sich nun Folgendes sagen:

Bäume pflegen statt fällen

Oberstes Gebot ist und bleibt das Erhalten der alten Alleenbestände, ganz gleich ob an alten Guts-, Kirch- oder Parkwegen, Landes-, Bundes-, Kreis- oder Gemeindestraßen. Wenn die zuständigen Behördenvertreter der Straßenverkehrs- und Umweltämter künftig eine größere Sensibilität walten lassen würden, wenn es darum geht, über Leben oder Tod der kostbaren Alleebäume zu entscheiden, wäre allen geholfen. Aber realistisch gesehen wird dies wahrscheinlich Wunschdenken bleiben. Kränkelnde Bäume, die man mit wenig Aufwand gesund pflegen könnte, werden fast immer gefällt. Schon ein an sich banaler Splintkäferbefall bedeutet, zumindest in der südbrandenburgischen Region, für den Baum oft das sichere Ende. Allein durch behutsames Zurückschneiden der Krone könnte das Leben vieler Alleebäume vermutlich für Jahrzehnte verlängert werden. Doch manchmal genügt schon ein kleiner abgestorbener Ast, der für einen alten Baum normal und für die Stand- bzw. Verkehrssicherheit völlig ohne Bedeutung ist, das Ende des Baumes zu besiegeln. Noch schlimmer ist das Fällen von gesunden Allee- und Straßenbäumen, wofür es unzählige Beispiele gibt. Man fragt sich unwillkürlich, wozu es denn z.B. den § 29 des Bundesnaturschutzgesetzes gibt, wenn er in der Realität in manchen Regionen offensichtlich ohne jegliche Bedeutung ist! Das schlichte Einhalten der Gesetze würde schon viele Alleebäume retten.

Altalleen akut bedroht

Ganz gleich ob ein Allee- oder Straßenbaum berechtigt oder unberechtigt gefällt wird – die z.T. immer lückiger werdenden Alleen weisen auf eine sehr beunruhigenden Tendenz hin: dass wir uns auch im Osten Deutschlands von dem wunderbaren Altalleenbestand über kurz oder lang verabschieden müssen. Die Wiedervereinigung mag für viele Menschen Verbesserungen gebracht haben, für die Alleen brachte sie das genaue Gegenteil: massive Verschlechterungen. Zwischen 1991 und 2004 wurden allein in Brandenburg 96 327 Straßenbäume gefällt. Bei einem durchschnittlichen Pflanzabstand von 7 m sind das über 670 km Altallee, die wir nun im Mutterland der Alleen nicht mehr haben.

Ein schlimmer Anblick vom Ostermontag 2006: eine frisch gefällte Roteichen-Allee im sterbenden »Alleenparadies« Brandenburg, an der B 169 bei Leuthen. Direkt nördlich davon schließt sich unsere »Allee Nr. 26« an, die im Hintergrund noch zu erkennen ist.

Rechts oben: Alleenbaumfällung im August 2004 an der B 96, Richtung Hoyerswerda, Sachsen.

Rechts unten: Junge, nachgepflanzte Linden an der Straße östlich von Himminghofen, Rhein-Lahn-Kreis.

Diese Entwicklung erinnert stark an die westdeutschen Zeiten der »Straßenflurbereinigung« vor etwa 40 Jahren. Dass die inzwischen durchgeführten 85 047 Nachpflanzungen meist nur auf massiven Druck von Natur- und Alleenschutzverbänden hin erfolgten, spricht für sich. Aber wir sehen, dass man mit dem Nachpflanzen »hinterherhinkt« bzw. dass der laut ministeriellem Alleenerlass (vom 24.11.2000) angeordnete 1:1-Ausgleich an vielen Straßen oder Wegen gar nicht stattfindet. Doch selbst wenn die Zahl der Pflanzungen die der Fällungen irgendwann einmal ausgleichen sollte, so ist der ökologische Schaden erst in mehr als einer menschlichen Generation behoben. Wollte man den ökologische Wert z.B. einer 100-jährigen Rotbuche nach dem Fällen sofort ausgleichen, müsste man die beinahe »astronomische« Anzahl von 2000(!) jungen Rotbuchen anpflanzen. Erst diese Zahl verdeutlicht die Situation und den immensen Wert alter Alleen. »Ganz nebenbei« produziert eine einzige 100-jährige Rotbuche nämlich den Tagensbedarf an Sauerstoff für 64 Menschen.

Nachpflanzungen dringend nötig

Aber genau das könnte ein Problem werden. Eine Vielzahl von alten Alleen – meist Obstbaum-, Pappel-, Birken- und Buchen-Alleen – haben inzwischen ihre Altersgrenze erreicht oder werden sie in 30–50 Jahren erreichen. Da alter Baumbestand dieser Arten besonders bedroht ist, kann ihr völliges Verschwinden aus dem Straßenbild nur durch Anlegen neuer verhindert werden. An vielen alten Eichen-Alleen können wir hingegen durchaus noch mehrere hundert Jahre Freude haben. Besonderes Augenmerk sollte man auch darauf legen, einmal entstandene Lücken sobald wie möglich durch Nachpflanzungen zu schließen. Erfahrungsgemäß geschieht das aber nur selten oder gar nicht. Die frischen Stubben der einstigen Bäume stehen meist monatelang »verlassen« am Straßenrand und warten vergeblich auf Nachwuchs im wörtlichsten Sinne.

Rosskastanien bieten mit ihrem dichten Blattwerk einen hervorragenden Unterschlupf für Vögel und Insekten.

Oasen für Tiere und Pflanzen

Wie jedes Schulkind weiß, sind blühende Obstbäume ein wahres Schlaraffenland für Bienen und Hummeln, um nur die beiden wichtigsten Insektenarten zu nennen. Alte Obstbaum-Alleen sind also buchstäblich blühende Oasen in unseren Agrarlandschaft und daher von besonders hohem Wert. Auch in Robinien- und Kastanien-Alleen summt es zur Maienzeit – es ist eine helle Freude. Birken sind für Bienen und Hummeln zwar weniger interessant, umso mehr aber für viele andere Krabbeltiere. Russische Forscher haben herausgefunden, dass auf einer einzigen Birke bis zu 500 verschiedene Insektenarten leben. Insgesamt, so schätzt man, bieten Alleen, wie übrigens auch Hecken, bis zu 1500 verschiedenen Tierarten eine Wohn-, Lebens- und Raststätte.

Neben Insekten-, Reptilien- und Schneckenarten sind es zumeist Vögel, die in den Alleen ein wichtiges Biotop für sich entdeckt haben. Neben verschiedenen Eulenarten wie Wald- und Steinkauz, leben vor allem zahllose Singvogelarten in den Baumkronen. »Der Buchfink ist eine der häufigsten Vogelarten, die wir in den Alleen finden«, sagt Prof. Dr. Dieter Wallschläger, Leiter des Zoologischen Instituts in Potsdam. Er ist einer der renommiertesten Ornithologen Deutschlands und weiß sogar von einer äußerst seltenen Raufußkauzbrut in einer alten niedersächsischen Weiden-Allee zu berichten. »Leider haben sich in den letzten Jahren für die Vögel die Lebensbedingungen in den Alleen stark verändert. Der Lärm und das Rausschlagen einzelner Bäume wirkt sich für die Vögel sehr negativ aus«, gibt er zu bedenken.

Einen größtmöglichen Altbaumbestand in den Straßenalleen ebenso zu erhalten und zu schützen wie die alten, ruhigen und romantischen Feld- und Parkalleen, ist von immenser ökologischer Bedeutung, zumal sich innerhalb der Alleen häufig ein Kleinklima bildet, in dem auch spezielle Pflanzenarten wie Flechten, Moose und Farne hervorragend gedeihen. Und das sowohl an den Stämmen, als auch auf den naturbelassenen Wegen. Sofern letztere dies noch sind. Die vielen Asphaltierungen der Alleewege sind ein schlimmer Begleiter des Zeitgeistes des 20. und 21. Jahrhundersts. In der Marktoberdorfer Kurfürstenallee, um nur ein Beispiel herauszugreifen, hätte man dem Naturschutz besser Rechnung getragen, den ehemaligen Sandweg als solchen zu belassen und einen geteerten Wirtschaftsweg daneben anzulegen. So ist der Alleeweg für immer versiegelt, und die herrliche alte Linden-Allee muss nun Jahr für Jahr das Hindurchpoltern der tonnenschweren Traktoren erdulden.

Kampf dem Tausalz

Wenn es um nachhaltigen Alleenschutz geht, kommen wir am traurigsten Thema, dem Tausalz, nicht vorbei. Dennoch wollen wir versuchen, für dieses gigantische Problem einen Lösungsansatz zu finden. Zunächst aber die ernüchternden Fakten: Nach Einschätzung des Vorsitzenden der Alleenschutzgemeinschaft e.V. (ASG), Ingo Lehmann, werden in den nächsten 30 Jahren etwa 60% der Alleen und einseitigen Baumreihen in Nordostdeutschland auf etwa 7000 km Länge absterben. Das wäre mehr als ein Drittel des gesamtdeutschen Bestandes von derzeit noch etwa 19 000 km. Und Salz beschleunigt als ein wesentlicher Schadfaktor das Absterben der Bäume, wie Ingo Lehmann auf der 3. Fachtagung Alleenschutz in Deutschland am 7. März 2005 betonte. Dabei ist ein differenzierter Winterdienst gut möglich, wenn man nur will. Die Städte Hamburg und Freiburg zeigen, dass es geht.

Oben: Tausalzschäden an Lindenblättern.

Links: »Tausalz-Allee« bei Gräfenhainichen.

Als gute Alternativen zum Streusalzverzicht gelten, neben einer deutlich verminderten Geschwindigkeit, in allererster Linie ein verstärkter mechanischer Winterdienst in Kombination von Sand- bzw. Granulatstreuung. Die Zeit drängt, es muss schnellstens gehandelt werden. Die ohnehin von der Last des Alters geplagten Linden, Ahorne, Buchen und Kastanien leiden von Jahr zu Jahr mehr. Selbst wenn der Tausalzeinsatz völlig ausgesetzt würde, bräuchten sowohl die Alleebäume als auch der verseuchte Boden, in dem sie stehen, viele Jahre oder gar Jahrzehnte, um sich zu erholen. Die Tatsache, dass selbst 200 m (!) neben einer Alleestraße noch Salz nachgewiesen wurde, sagt mehr als tausend weitere Worte.

Auch für die Alleen Deutschlands gilt der bekannte Spruch: Die Lage ist zwar ernst, aber nicht hoffnungslos. Wenn wir den nächsten Generationen kein alleenfreies Land hinterlassen wollen, müssen wir etwas dafür tun. Ein kolossales Umdenken ist nötig, nicht nur bezüglich des letzten Kapitels. Alleenschutz kann jeder von uns betreiben. Das beginnt schon mit der Reisegeschwindigkeit. Die Realität, das wissen wir alle, sieht leider so aus, dass nicht einmal die meist vorgeschriebenen 80 km/h eingehalten werden. Liebe Autofahrer, versuchen Sie doch einmal, künftig mit einer »Alleengenießergeschwindigkeit« von etwa 65 km/h durch eine Allee zu fahren. Sie werden erleben, wie eine schlichte Allee dann plötzlich zu einem echten Naturerlebnis wird. Der wichtige Hintergedanke ist der, dass, wenn jeder sich daran halten würde, Alleen nicht mehr beplankt werden bräuchten, was nicht nur einen negativen Eingriff in das majestätische Erscheinungsbild, sondern auch in den unmittelbaren Lebensraum der Bäume darstellt. Wer mehr tun möchte kann eine Alleen-Patenschaft übernehmen, wie sie der Naturschutzverband BUND für Privatpersonen, Schulklassen und Firmen anbietet.

Ich würde mich freuen, wenn dieser Bildband etwas dazu beitragen konnte, dass Sie eine Allee künftig wieder mit etwas anderen Augen betrachten, sie intensiver erleben. Dass Sie sie buchstäblich erfahren und in ihr das sehen, was sie immer war und immer bleiben wird: ein kostbarer Schatz, den wir als solchen unbedingt für die Nachwelt erhalten sollten.

Literaturverzeichnis

BIEKER JOSEF & MATHIAS JUNG: Baum an Baum. Ein literarischer Spaziergang durch malerische Alleen. Artcolor Verlag, Hamm; 1991

DENKOW, DR. WESSELIN: Gifte der Natur. Bechtermünz Verlag, Augsburg; 2001

FRIEDRICH/SCHURICHT: Seltenes Kern-, Stein- und Beerenobst; 1989

FRÖHLICH, HANS J.: Alte, liebenswerte Bäume in Deutschland, Cornelia Ahlering Verlag, Hamburg; 2000

FRÖHLICH, HANS J.: Zauber der Alleen. Societätsverlag, Frankfurt am Main; 1996

GÖSTL, RAINER: Der Kreuzweg auf dem Kalvarienberg. Mitteilungsblatt der Verwaltungsgemeinschaft Laaber; 1999

KERNER, DAGNY & IMRE: Die Sprache der Bäume. Patmos Verlag, Düsseldorf; 2005

KNAPP, HANS DIETER & GRUNDNER, THOMAS: Bäume, Wälder und Alleen in Mecklenburg-Vorpommern, Hinstorff Verlag, Rostock; 2004

KÜHN, STEFAN, ULLRICH, BERND & KÜHN, UWE: Deutschlands alte Bäume. BLV Verlagsgesellschaft mbH, München; 2004

KÜHN, UWE, KÜHN, STEFAN & ULLRICH, BERND: Bäume, die Geschichten erzählen. BLV Buchverlag GmbH & Co. KG, München, 2005

LAUDERT, DORIS: Mythos Baum. BLV Verlagsgesellschaft mbH, München; 2003

LEHMANN, INGO & SCHREIBER, ERNA: Die landesweite Alleenkartierung in Mecklenburg-Vorpommern, Teil 2, Stadt und Grün; 1997

LEMKE, KARL & MÜLLER, HARTMUT: Naturdenkmale. VEB Tourist Verlag, Berlin/Leipzig; 1988

LUTHER, DR. MARTIN: Die Bibel. Privilegierte Württembergische Bibelanstalt, Stuttgart; 1940

MATZL, CHRISTOPH: Im Lebenskreis der Bäume. Verlag Carl Ueberreuter, Wien; 1997

MEXER, F. H.: Bäume in der Stadt. Ulmer Verlag, Stuttgart; 1982

RICHTER, VIVIEN & BALZER, HEIKE: Alleenschutz auf Rügen. NABU Rügen, Bergen; 2004

SCHULZ, OLAF: Die Spree von den Quellen bis zur Mündung. Oberlausitzer Verlag, Spitzkunnersdorf; 2002

TEWES, DR. JOSEPH; KAPLAN, ULRICH & LIENENBECKER, HEINZ: Erkundungen zu Haus Geist. Dortmunder Beiträge Landeskunde, naturwissenschaftliche Mitteilungen, Dortmund; 1999

TOETZ, DR. PETRA: Alles über Alleen. BUND, Schwerin; 2004

W.F.: Grünblick, Umweltblatt Nr. 49, Malchow; 2002

WINTZINGERODA-KNORR, LEVIN FREIHERR VON: Die Wüstungen des Eichsfeldes. Verlag Mecke Druck, Duderstadt; Reprint 1995

Stichwortverzeichnis

Bildquellenverzeichnis:

Alle Farbfotos: Olaf Schulz

Karte Nachsatz: Computergrafik Jörg Mair

Fotos auf dem Umschlag:
vorn, großes Bild:
Mehlbeer-Allee bei Kefferhausen
oben, v. l. n. r.:
Eichen-Eschen-Allee bei Kemmen,
Linden-Allee in Bad Liebenwerda,
Kastanien-Allee in Pillnitz
hinten:
Kastanien-Allee in Lancken-Granitz

Bibliografische Information Der Deutschen Bibliothek

Die Deutsche Bibliothek verzeichnet diese Publikation in der Deutschen Nationalbibliografie; detaillierte bibliografische Daten sind im Internet über http://dnb.ddb.de abrufbar

BLV Buchverlag GmbH & Co. KG
80797 München

Umschlaggestaltung: Anja Masuch, Fürstenfeldbruck
Umschlagfotos: Olaf Schulz

Lektorat: Dr. Friedrich Kögel, Dr. Eva Dempewolf
Herstellung: Hermann Maxant

Layout: Anton Walter, Gundelfingen
DTP: agentur walter, Gundelfingen

Gedruckt auf chlorfrei gebleichtem Papier

Printed in Germany
ISBN 10: 3-8354-0087-8
ISBN 13: 978-3-8354-0087-0

Danksagung

All jenen, die zum Gelingen des Werkes beigetragen haben und nachfolgend in alphabetischer Reihenfolge aufgelistet sind, möchte ich hiermit sehr herzlich danken.
Michael Arens, Peter Anton von Arnim, Viola Beiert, Erika Behnke, Wilfried Bettenhauser, Johann Friedrich Frhr. von der Borch, Walter Bresemann, Klaus Ender, Uwe Eutrich, Harald Gläser, Rainer Göstl, Christian Harig, Hans Reinhard Hupe, Karl Jobst, Clemens August Frhr. von Ketteler, Thomas Klepel, Doris Krieg, Ingo Lehmann, Juliana Löffler, Christina von Mangold, Dietrich Pankonin, Hubertus Pellengahr-Gröblinghoff, Wilhelm Preißler, Fritz Quitter, Dr. Stefan Raps, Birgit Richter, Dagmar & Mario Schieb, Antje Schmidtke, Peter Schollbach, Edith Schulz, Thomas Schwenk, Renate Schwudtke, Barbara Sell, Alfons Sonntag, Günter Stachowiak, Wolfram Taubert, Prof. Dr. Joseph Tewes, Elke Thiele, Dietrich Thiermann, Ralf Uschner, Peter Vickery, Florian Frhr. von Wangenheim, Prof. Dr. Dieter Wallschläger und Andreas Wiederhold

EINE KLEINE AUSWAHL AUS UNSEREM PROGRAMM

Veronika Straaß
Das große BLV Naturbuch
Das Erlebnis-Buch für die ganze Familie: heimische Tiere, Pflanzen und Landschaften im Wechsel der Jahreszeiten, Beobachtungstipps, Anleitungen zum Spielen und Experimentieren, Rezepte aus der Feld-, Wald- und Wiesenküche, Außergewöhnliches aus der Naturkunde usw.
ISBN 3-8354-0048-7

Uwe Kühn/Stefan Kühn/
Bernd Ullrich
Bäume, die Geschichten erzählen
100 Bäume, die historisch bedeutend sind und im Leben der Menschen eine besondere Rolle spielten – porträtiert mit ihrer Geschichte, interessanten Storys, alten Stichen und eindrucksvollen Fotos; mit Standortkarte.
ISBN 3-405-16767-1

Mario Ludwig/
Friedrich Kögel
Natur – Rätsel, Fakten und Rekorde
Spielerisch Natur entdecken – Fragen und Fakten zum Staunen, Wundern, Rätseln: Rekorde, Quizfragen, Irrtümer, Staunenswertes, ungewöhnliche Arten usw.; mit heiteren Cartoons von Jan Gulbransson.
ISBN 3-405-16911-9

Bruce Buckley/Edward J. Hopkins/
Richard Whitaker
Wissen neu erleben: Wetter
Die Geheimnisse der Meteorologie enträtseln – so leicht wie noch nie: Einführung in das Wettergeschehen, extreme Wetterlagen von Tornados bis Überschwemmungen, Einfluss des Klimas auf Mensch und Tier, die Klimaveränderung usw.; mit spektakulären Fotos und Grafiken in 3D-Optik.
ISBN 3-405-16815-5

Der Tier- und Pflanzenführer für unterwegs
Das kompakte Bestimmungsbuch mit 900 Tier- und Pflanzenarten und 1350 Farbfotos – ideal für unterwegs; mit bis zu 5 Fotos pro Art und Sonderteilen, die das Bestimmen zusätzlich erleichtern.
ISBN 3-8354-0019-3

Veronika Straaß/
Claus-Peter Lieckfeld
Singvögel –
Der etwas andere Naturführer
Damit Natur entdecken Spaß macht: die wichtigsten Singvögel im Porträt mit unterhaltsamen Storys und vielen interessanten Infos zu den einzelnen Arten; Beobachtungs- und Erlebnistipps im Jahreslauf.
ISBN 3-405-16867-8

Ewald Gerhardt
BLV Handbuch Pilze
Das umfassende Nachschlagewerk: rund 600 Pilzarten in Farbfotos mit Informationen zu Aussehen, Geruch, Geschmack, Vorkommen, Verwechslungsgefahr, Speisewert, mögliche Giftwirkung usw. – mit Bestimmungsschlüssel.
ISBN 3-8354-0053-3

Peter Spiegel
Peter Spiegels Altes und neues Heilkräuterwissen – Gesundheit aus der Natur
Heilkräuterporträts mit Geschichte, vielen persönlichen Empfehlungen und Erfahrungen, Anekdoten; mit Trendthema »Schüßler-Salze«; Anwendung der Heilkräuter bei 150 Beschwerdebildern, Herstellung von Tees, Salben, Tinkturen.
ISBN 3-8354-0047-9

Die zuverlässigen Berater

BLV Bücher bieten mehr:

- mehr Wissen
- mehr Erfahrung
- mehr Innovation
- mehr Praxisnutzen
- mehr Qualität

Denn 60 Jahre Ratgeberkompetenz sind nicht zu schlagen!

Unser Buchprogramm umfasst rund 800 Titel zu den Themen

Garten · Natur · Heimtiere · Jagd · Angeln · Sport · Golf · Reiten · Alpinismus · Fitness · Gesundheit · Kochen.

Ausführliche Informationen erhalten Sie unter **www.blv.de**

Dass Sie sich gut beraten fühlen – das ist unser Ziel. Falls Sie Fragen und/oder Anregungen haben, schreiben Sie uns bitte:

BLV Buchverlag GmbH & Co. KG
Lektorat · Lothstraße 19
80797 München
Postfach 40 02 20
80702 München
Telefon 089/12705-0 · Fax -545
E-mail: blv.verlag@blv.de

blv

MEHR ERLESEN!

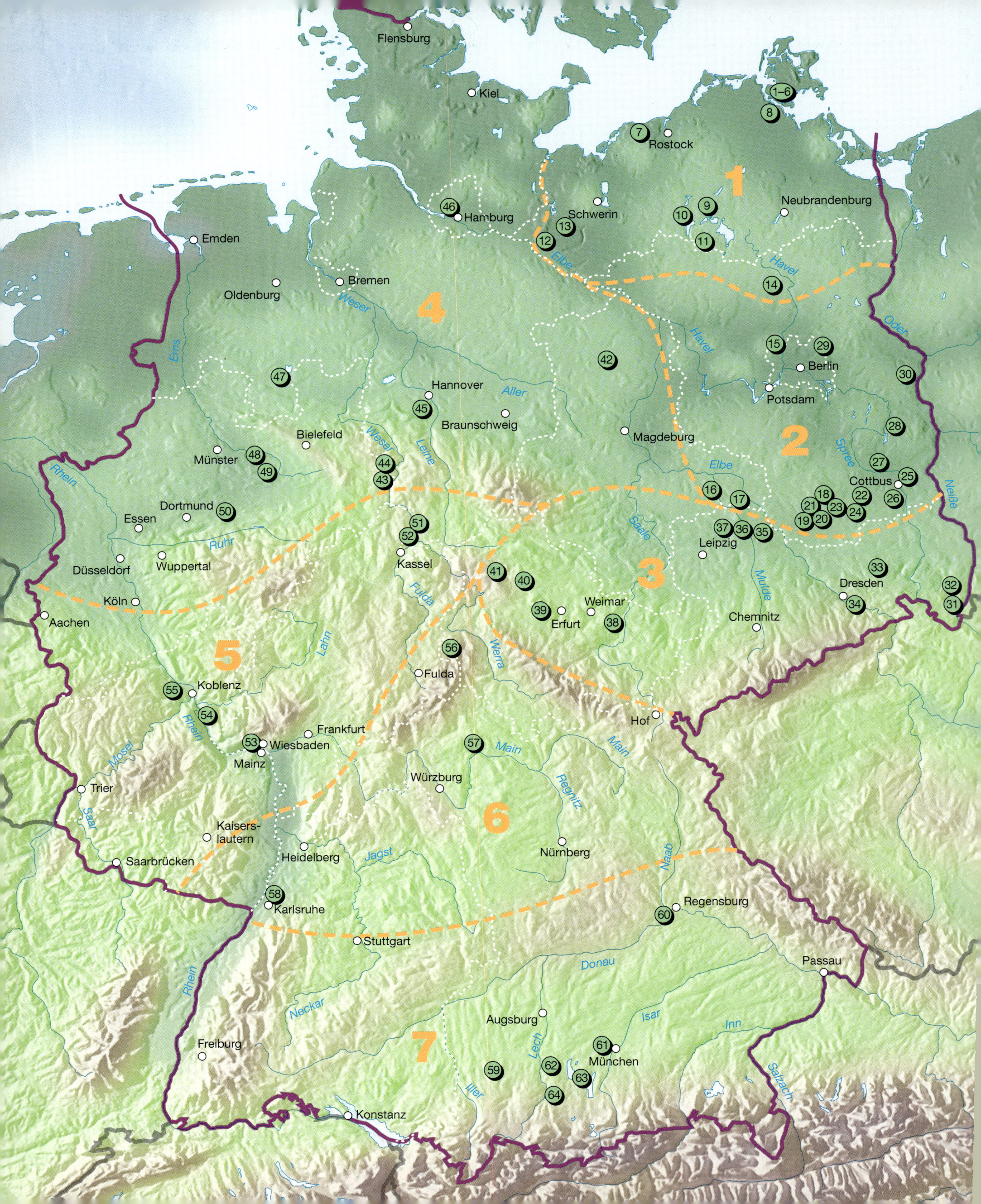

Flensburg
Kiel
Rostock
Schwerin
Neubrandenburg
Hamburg
Emden
Oldenburg
Bremen
Weser
Ems
Elbe
Havel
Oder
Hannover
Aller
Braunschweig
Magdeburg
Berlin
Potsdam
Bielefeld
Münster
Leine
Spree
Cottbus
Neiße
Dortmund
Essen
Ruhr
Rhein
Düsseldorf
Wuppertal
Köln
Aachen
Kassel
Fulda
Saale
Leipzig
Mulde
Dresden
Chemnitz
Erfurt
Weimar
Werra
Lahn
Koblenz
Hof
Frankfurt
Wiesbaden
Mainz
Mosel
Main
Würzburg
Regnitz
Trier
Saar
Kaisers-
lautern
Heidelberg
Jagst
Nürnberg
Naab
Saarbrücken
Karlsruhe
Regensburg
Stuttgart
Donau
Passau
Neckar
Augsburg
Lech
Isar
Inn
München
Freiburg
Iller
Salzach
Konstanz
1
2
3
4
5
6
7
1–6
8
7
9
10
11
12
13
14
15
29
30
42
46
47
45
28
27
25
26
48
49
44
43
16
17
18
21
23
22
24
19
20
50
51
52
37
36
35
41
40
33
39
38
34
32
31
56
55
54
53
57
58
60
61
59
62
63
64